필체를 바꾸면
인생이 바뀐다

국내 최고 필적 전문가
구본진 박사가 들려주는 글씨와 운명

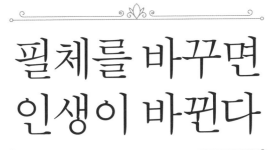

필체를 바꾸면
인생이 바뀐다

구본진(필적학자) 지음

쌤앤파커스

차
례

프롤로그 글씨에는 '뇌의 흔적'이 담겨 있다!   9

1부   3,000년의 내공이 담긴 '최고의 나를 만드는 법'

한석봉은 왜 어둠 속에서 글을 썼을까?   15

서명을 보면 그 사람의 성격이 보인다   20

|Check| 글씨 분석을 둘러싼 오해와 진실   24

돈 버는 글씨체가 따로 있다고?   28

아주 작은 글씨 연습의 힘   31

어떻게, 얼마나 연습하면 될까?   35

|Check| 하루 20분, 6주 습관 만들기   38

2부 글씨를 보면 운명이 보인다. 운명을 바꾸면 인생이 바뀐다

내 글씨를 어떻게 분석할까?   43

큰 글씨 vs. 작은 글씨   46

둥근 글씨 vs. 각진 글씨   50

필압이 강한 글씨 vs. 필압이 약한 글씨   54

오른쪽으로 올라가는 글씨 vs. 오른쪽으로 내려가는 글씨   57

한 획으로 이어 쓰는 글씨 vs. 여러 획으로 쓰는 글씨   60

획 사이가 여유 있는 글씨 vs. 획이 가까이 붙어 있는 글씨   63

글자 간격이 넓은 글씨 vs. 글자 간격이 촘촘한 글씨   64

행의 간격이 넓은 글씨 vs. 행의 간격이 좁은 글씨   66

규칙적인 글씨 vs. 불규칙한 글씨   68

속도가 빠른 글씨 vs. 속도가 느린 글씨   72

|Check| 한눈에 보는 글씨 분석표   76

3부 쓰기만 해도 이루어지는 손글씨의 마법

돈을 많이 벌고 싶다면   81

공부를 잘하고 싶다면   84

연예인으로 성공하고 싶다면   87

분야에서 최고가 되고 싶다면   90

스포츠 스타가 되고 싶다면   93

당당하고 대범해지고 싶다면   96

공무원 시험에 합격하고 싶다면   98

일 잘해서 인정받고 싶다면   101

단단하고 단호해지고 싶다면   103

성공직인 인간관계를 쌓고 싶나면   105

강한 추진력을 가지고 싶다면   108

적극적인 사람이 되고 싶다면   110

인내심을 키우고 싶다면   112

창의력을 기르고 싶다면   115

타인에게 신뢰를 얻고 싶다면   118

침착하고 신중해지고 싶다면   120

긍정적이고 에너지 넘치는 사람이 되고 싶다면   122

|Check| 성공한 사람들의 글씨는 공통점이 있다   124

4부   인품을 쌓고 싶으면 인격자의 필체를 써라

부자의 글씨, 정주영   129

인품이 훌륭한 글씨, 김구   132

강인하고 기품 있는 글씨, 안중근   135

감성이 풍부하고 창의적인 글씨, 윤동주   138

단정하고 흐트러짐 없는 글씨, 박정희   141

존경받는 학자의 글씨, 김준엽   143

에너지가 강한 유명인의 글씨, 장동건   146

분석력과 상상력을 겸비한 예술가의 글씨, 백남준   148

지조와 결기가 있는 글씨, 한용운   151

논리적이고 세련된 학자의 글씨, 유진오   154

인내심 있고 대범한 글씨, 김연아   156

|Check| 이런 글씨체는 피해라   158

5부 이름을 남기는 글씨는 따로 있다

매국노의 필체에 무슨 향기가 있을까   163

이승만부터 트럼프까지 역대 대통령의 글씨   176

한 시대를 풍미한 예술가들의 진짜 성격   186

세계적인 스타들의 서명 속 숨겨진 욕망   193

에필로그 글씨 분석은 어떻게 삶의 무기가 되는가   203

저자 소개   206

글씨에는 '뇌의 흔적'이 담겨 있다!

글씨는 손이나 팔이 아닌 뇌로 쓴다. 글씨를 '뇌의 흔적'이라고 부르는 이유이다. 그렇기 때문에 글씨체는 바로 그 사람을 드러낼 수밖에 없다.

나는 국내 최초이자 유일한 필적학자로서 유명인, 사건 사고와 관련된 인물의 글씨체 분석을 도맡게 되었다. 또한 정부기관의 필체 분석을 의뢰받았다. 2017년 10월 국방부의 요청으로 대통령에게 보고할 김정은 북한 국무위원장과 도널드 트럼프 미국 대통령의 글씨 분석 의견서를 작성했다. 2018년 6월 트럼프와 김정은의 역사적인 회담 때는 〈로이터 통신〉으로부터 김정은의 필체 분석을 의뢰받았다.

2018년 4월부터 1년 동안 〈동아일보〉에 '구본진의 필적'이라는 칼럼을 쓰는 등 신문, 잡지 등에 필적 관련 칼럼을 기고했고 국립외교원 등에서 이 주제로 강의를 했다. 각종 언론기관과 인터뷰를 하고 그들의 의뢰로 글씨 분석을 하면서 "글씨는 사람의 내면을 찍은 엑스레이와 같다."는 생각을 하게 되었다.

글씨는 내게 운명이다. 20년 넘게 검사로 일하면서 살인범, 조직 폭력배들의 글씨에서 특이한 점이 있는 것을 보고 글씨와 사람 사이에 어떤 연관이 있다는 사실을 깨달았다. 1998년 미국 연수 시절 메트로폴리탄미술관, 프릭컬렉션 등에 자주 다니면서 미국인들의 기증 문화에 감명을 받았다. 나도 의미 있는 수집을 해서 기증해야겠다고 마음먹고 독립운동가 친필 수집을 시작했다.

그동안 독립운동가 600여 명, 친일파 250여 명의 친필을 수집해서 이 분야에서 최고의 컬렉션을 이루었다. 처음엔 사람의 성향을 파악하려고 했다기보다 친필 여부를 확인하려는 목적이 컸다. 수집 과정에서 독립운동가와 친일파의 글씨에 차이가 있는 것을 발견하고 그 의미를 찾아 필적학을 연구하게 된 지 어느덧 15년이 되었다. 글씨체를 보면 성격, 성장과정, 취향, 질병, 빈부가 집약돼 있었다.

글씨와 사람 사이에 어떤 연관이 있다는 주장은 내가 처음 한 것이 아니다. 공자, 주자, 이황, 송시열, 아리스토텔레스, 아인슈타인, 구스타프 융, 셰익스피어, 괴테, 발자크, 보들레르, 에드거 앨런 포 등 수많은 선인들이 끊임없이 주장했다. 글씨 연습을 통해 사람의 내면을 바꾸는 방법은 동양에서 3,000년 동안 효과가 입증되었다. 서양에서도 프랑스 등에서 20세기 초반부터 글씨를 통해 심리를 치료하는 방법을 연구, 적용하여 효과가 확인되었다.

나는 원하는 인간상을 설정하고 거기에 맞는 글씨체로 바꾸어 인생을 변화시키는 방법을 연구했다. 컴퓨터 자판에 밀려 손글씨가 사라지고 있지만 신용카드로 결제하거나 중요한 문서에 여전히 친필로 서명하지 않는가!

사람의 내면을 바꾸는 방법 중에서 글씨 연습만 한 것은 없다. 비용이 거의 들지 않고, 쉬우며, 정밀하고, 효과적이다. 글씨를 수양의 도구로 삼아 자기 자신을 발전시키려는 당신의 시도에 대해 축하한다. 이 책을 통해 삶에서 스스로 주인공이 되고 멋진 미래를 맞이하기를 기원한다.

2020년 1월
구본진

1부

3,000년의 내공이 담긴
'최고의 나를 만드는 법'

한석봉은 왜 어둠 속에서
글을 썼을까?

서예의 종주국인 중국은 전통적으로 '글씨가 곧 사람(書如其人)'이라 글씨에서 그 사람의 성품과 학식을 짐작할 수 있다고 믿었다. 글씨 쓰기(서법, 書法)를 지식인의 덕목으로 삼았고 기원전 1,000년경에 이미 글씨 분석을 했다.

소동파는 《논서論書》에서 글씨에는 신(神, 정신), 기(氣, 기상), 골(骨, 골격), 육(肉, 근육), 혈(血, 혈색)이라고 하는 5가지 중요한 요소가 있다고 하였다. 청나라의 서론가 왕주王澍는 《논서잉어論書賸語》에서 여기에 근(筋, 힘줄), 정(精, 골수), 맥(脈, 기운)을 더하여 8가지 요소가 있다고 하였다. 글씨를 사람과 동일하게 본 것이다.

공자는 글씨를 보면 그 사람이 귀한 사람인지 천한 사람인지 알 수 있다고 했다. 한나라의 양웅揚雄도 글씨로 군자와 소인을 구별할 수 있다고 했다. 송나라의 유학자 주희는 "글씨를 쓰기 전에 제일 먼저 뜻을 바르게 세우라."고 말해서 글씨에 고결한 정신이 담겨야 한다고 강조했다.

우리 조상들에게도 글씨는 의사소통의 수단이자 궁극적으로 인격 수양의 방편이었고 또 그 결과였다. 글씨를 학문과 수양의 결정체라고 보았기 때문에 자신을 완성하기 위해 글씨를 쓰고 또 썼다. 조선시대의 선비들도 마찬가지였다. 퇴계 이황은 "마음이 바르면 글씨도 바르다."고 했다. 우암 송시열은 글씨를 "심획心劃이자 덕성德性의 표출"이라고 말했다.

밤낮을 잊고 한두 달 계속 붓을 잡았던 조선의 문신 김상숙은 〈필결筆訣 발跋〉에서 이렇게 말했다. "무릇 글씨를 쓴다는 것은 마음이 붓에 들어가는 것이니 마음의 손가락이 필관을 견고하게 잡아야 한다. (…) 마음은 붓에 전달하고, 붓이 종이에 전달하면, 종이는 받아서 글씨를 이루니, 소리와 기식이 없어도 덕은 거기에서 존재한다. (…) 손에서 도모하지 말고 마음에서 도모해야 하니, 마음이 발동하면 손은 저절로 움직인다."고 했다.

추사 김정희는 '문자향文字香 서권기書卷氣'를 강조했는데, 글씨와 그림에 학문과 인품의 향기가 배어 있어야 한다는 뜻이다.

서양에서도 글씨와 사람 사이에 상관관계가 있다고 믿은 사람은 셀 수 없이 많았다. 아리스토텔레스와 아테네의 철학자인 데메트리오스 팔레레우스는, 글씨가 글쓴이의 성격을 드러낸다고 말했다.

셰익스피어는 "내게 손글씨를 보여주면 그 사람의 성격을 말해주겠다."고 하였다. 아인슈타인, 괴테, 발자크, 보들레르, 로버트 브라우닝, 벤저민 디즈레일리, 알렉상드르 뒤마, 게오르규, 스탈 부인, 월터 스콧, 아서 코난 도일 등도 글씨와 사람 사이의 관련성을 믿었다. 소설가 에드거 앨런 포는 주변 사람들의 필적을 분석한 책을 쓰기도 했다.

글씨체로 심리를 읽는 학문, 필적학

동양에서는 인간의 본성을 탐구하는 철학을 바탕으로 글씨를 연구하는 서론書論이 발달하였다. 반면 서양에서는 합리적인 사고를 바탕으로 글씨를 크기, 모양, 간격, 기울기 등으로 분석하는 필적학(筆跡學, Graphology)이 발달하였다. 필적학이란 어떤 사람의 필적을 보고 그 사람의 성격을 추론하는 학문이다. 여기서 수천 년의 역사를 가진 서양의 필적학의 계보를 간단히 짚고 넘어가자.

로마의 역사학자 가이우스 수에토니우스 트란퀼루스*Gaius Suetonius Tranquillus*가 아우구스투스 황제의 글씨체를 분석하여 그의 성격과 특징을 도출했는데 그것이 실제와 놀라울 정도로 가깝다고 한 것이 최초의 필적학적 접근으로 알려져 있다. 그러나 체계적인 필적학은 개인의 글씨체가 탄생하기까지 생겨나지 못 하였다가, 르네상스 시대의 장식적 글씨체가 쇠퇴한 이후인 17세기부터 발달하기 시작한다.

필적학은 글씨를 쓸 때 뇌에서 손과 팔 근육에 메시지를 전달해서 선, 굴곡, 점 등을 만들기 때문에 필적이 내적 세계를 반영한다는 전제에서 출발한다. 그래서 필적을 분석하면 그 사람의 내면을 파악할 수 있는 것이다.

1622년 이탈리아의 의학자이자 볼로냐 대학 교수였던 카밀로 발디*Camillo Baldi*는 필적이 심리, 즉 사람의 성격과 연관성이 있다는 사실을 논리적으로 밝히고 《편지에서 사람의 소행과 성격을 알아내는 방법*》이라는 책을 썼다. 18세기 초반 그림*Grimm* 남작에 의해 프랑스 상류층에서 글씨 분석이 유행했다.

1875년 프랑스의 신부였던 장 히폴리트 미숑*Jean-Hippolyte Michon*은 '필적학'이라는 말을 처음 쓰기 시작했다. 쥘 크레피유 자맹*Jules Crépieux-Jamin*에 의해서 필적학이 크게 발전되었다. 그의 《손글씨와 표현**》이라는 책은 프랑스 필적학의 성전이 되었다.

독일의 철학자 루트비히 클라게스*Ludwig Klages* 박사는, 필적은 전체를 파악하는 것이 중요하다는 철학적 방법론을 제시하여 직관적, 경험적 방법에 의해 필적을 추적하기도 했다. 그는 필적학에 철학적 근거를 제시하였다.

독일의 필적학자 빌헬름 프레이어*Wilhelm Preyer*는 1895년 그의 저서 《필적심리***》에서 글씨를 쓰는 신체의 모든 부분을 지배하는 것은 대뇌이므로 글씨를 '뇌의 흔적'이라고 말했다. 이외에도 유명한 철학자, 심리학자, 과학자들이 글씨의 비밀을 조금씩 밝혀냈다. 그중 하나가 노벨상 수상자인 앙리 베르그송*Henri Bergson*과 피에르 자네*Pierre Janet*이다. 막스 풀버*Max Pulver*는 상징주의의 중요성을 강조한 첫 번째 필적학자로서 손글씨의 무의식성을 강조했다. 이때부터 필적학자들은 글씨가 '몸짓의 결정체'라는 말을 자주 사용했다. 서양의 필적학자들은 입이나 발가락으로 글씨를 쓴다고 해도 결국 손으로 쓴 필체와 특징이 같다는 걸 실험으로 입증했다.

그 후에도 독일, 프랑스, 스위스, 이탈리아, 미국, 영국, 이스라엘 등의 필적학자들이 필적학을 발전시켰다. 이 국가들은 물론 중국, 일본, 네덜란드, 캐나다, 벨기에, 아르헨티나 등에서도 필적학 책이 출간되었다. 유럽에서는 주로 심리치료와 함께 발달한 반면 미국에서는 필적학 도입이 늦어 독자적으로 발달했다.

독일의 필적학자이자 심리학자인 우르줄라 아베랄르멘*Ursula-Avé-Lallemant*이 필적 분석 수단으로 개발한 '별과 파도 검사*star wave test*'는 취학 전 유아의 발달기능 검사로 활용되고 있다. 현재 독일, 프랑스, 영국, 스페인, 스위스, 이탈리아, 네덜란드 등의 대학에서 필적학 강의를 개설하고 있다. 미국 연방수사국 FBI도 필적학을 범죄 수사에 활용하고 있다.

●원제는 《*Trattato Come Da Una Lettera Missiva Si Conoscano La Natura E Qualità Dello Scrittor*》이다.
●●원제는 《*L'écriture et le caractère*》이다.
●●●원제는 《*Zur Psychologie des Schreibens*》이다.

서명을 보면
그 사람의 성격이 보인다

"왜 어머니를 죽였나요?"

강력부 검사 시절 친모를 살해한 피의자에게 물었다. "로봇을 죽였을 뿐인데 왜 그런 이야기를 합니까?"라고 하면서 피의자가 화를 벌컥 냈다. 더 이상 조사를 진행할 수 없어서 자필로 쓰고 싶은 이야기를 써보라고 했더니 글자 하나에 높이가 20cm에 이를 정도로 그림을 그리듯이 둥글게 썼다. 확인해보니 정신 병력이 있었다.

필적학이란, 글씨를 보고 그 사람의 성격 등을 알아내는 학문 분야라고 했다. 프로이트는 "인간의 마음은 해면에 떠오르는 빙산 같은 구조를 하고 있다. 해면에 나오는 부분은 의식이며, 수면 아랫부분은 무의식이다. 해면에 나오는 부분보다 수면 아래에 눈에 보이지 않는 부분이 훨씬 크다."고 말했다. 물론 인간의 생김새, 표정, 행동, 걸음걸이, 말투 등이 모여 하나의 아이덴티티로 귀결된다. 따라서 이런 것들을 자세히 관찰하면 사람의 내면을 어느 정도 알아낼 수 있다. 그러나 글씨 분석만큼 정확한 것은 없다.

필적학에서는 글자 크기, 형태, 압력, 속도, 기울기, 정돈성, 전체적인 인상, 자연스러움, 조화, 리듬 등을 살핀다. 자음과 모음의 세부적인 형태, 글자의 시작 부분 및 끝부분의 형태, 필순, 자획을 이어 쓰는 방법, 운필 방향, 획 사이의 공간, 자획의 굴곡 상태와 꺾인 각도 등 세부적인 운필 특징 등을 종합적으로 관찰한다.

서양의 필적학에서는 알파벳을 세로로 3개 구역으로 나누고 그 유형에 따라 특징을 도출해낸다. 맨 위의 구역이 지성, 이상, 야망, 정신적 특성을 보이고, 가운데 구역은 일상생활의 모습, 합리성, 사회적 자신감 등을 나타내며, 아래 구역은 본능, 비밀, 섹스, 물질적인 관심 등을 드러낸다.

글씨 분석에는 크게 2가지 방법이 있다. 하나는 세부적인 분석에 치중하는 방법으로 장 히폴리트 미숑이 대표적이다. 다른 하나는 세부적인 내용도 살피지만 전체적인 인상을 중시하는 방법으로 루트비히 클라게스, 쥘 크레피유 자맹이 대표적이다.

자맹은 미숑의 경직된 분석을 비판하면서 특정한 특징에 대해 절대적인 가치가 아닌 상대적인 가치를 부여했다. 다른 특징들과 종합적으로 보고 해석해야 한다고 본 것이다. 이처럼 글씨 분석에는 게슈탈트(gestalt, 산만한 부분들의 집합이 아닌 하나의 의미 있는 전체)가 중요하다는 것이 현대 필적학의 기초가 되었다. 글씨의 부분적인 특징도 살피지만 전체적인 인상과 특징을 함께 살펴야 제대로 된 글씨 분석을 할 수 있다.

필적학자들은 필적에 개인의 고유 특성이 나타난다고 말한다. 그중 개인적인 특징이 가장 잘 드러나는 것이 '서명'이다. 가장 빈번하게 쓰는 글자이기 때문이다. 우리가 중요한 문서에 친필로 서명하는 이유도 여기에 있다. 2가지 이상의 필적이 동일인의 것인지를 가려내는 필적 감정은 재판이나 수사에서 자주 사용된다. 필적으로 잠재적인 범죄 충동이나 실제 범죄 행위와 관련된 개인의 성격적 특성까지도 파악할 수 있다는 것이 필적심리 전문가들의 주장이다.

필적 분석은 성격 판별뿐만 아니라 진로 결정과 기업의 인사와 교육 등 여러 가지 실용적인 분야에서도 유리하게 활용된다. 기업에서 인사를 단행하거나 신입사원을 뽑을 때 냉철한 판단이 요구된다. 경리 분야면 착실하고 꼼꼼한 사원을, 영업 분야라면 재치 있고 융통성 있는 사원이 필요할 것이다. 이런 경우 필적 진단으로 사람을 파악해 직무에 적합한 인재를 고를 수 있다.

필적 분석은 세일즈맨이나 마케터에게도 강력한 무기가 된다. 영업사원은 고객을 정확하게 파악해야 한다. 어떤 성격과 취향을 가졌는지, 꼼꼼한지 대범한지, 결단이 느린지 빠른지 등등. 고객과의 대화를 부드럽게 이어가고 신뢰감이나 친밀감을 형성해가는 데도 도움을 준다. 또 사업 파트너를 정할 때, 직원들을 지도할 때 필적 진단은 폭넓은 활용이 가능하다.

결혼 상대나 연인을 이해하는 데도 도움을 준다. 애정 관계나 인격, 사회생활에 대한 감각 등 두 사람의 성격을 파악하고 파트너로서 서로 맞는지 가늠해볼 수 있다. 서로 안 맞는 사이라면 노력 포인트를 알아내어 개선할 수도 있다.

범죄 수사에도 광범위하게 활용된다. 2001년 미국에서 탄저균이 든 편지로 4명이 살상되는 사건이 터지자 FBI는 범인의 필적을 분석하여 개인적 특성을 예측했다. '성인 남자', '타인과 별로 접촉하지 않는 직업군', '상당한 과학 지식을 보유한 자, 또는 적어도 과학에 깊은 관심을 가진 자', '인간관계에서 테크닉이 부족한 자', '혼자 있기를 좋아하는 자'라는 결과를 도출했다. 그 결과를 충족시키는 범인을 추적해 들어가자 육군전염병연구소의 세균 전문가 브루스 아이빈스 박사가 지목됐다. 안타깝게도 그가 기소를 앞두고 자살하는 바람에 사건은 미궁에 빠진 채 종결되었다.

필적으로 성별을 구별하기는 어렵지만 나이는 필적의 숙련도, 글자의 형성미, 자획 구성, 띄어쓰기, 배자 형태 등 전체적인 운필 특징, 글씨의 속도와 선의 뻗침, 필압 등을 살피면 구분이 가능하다. 이처럼 필적학은 자신의 내면을 알아내는 데 도움이 될 뿐 아니라 인간관계, 비즈니스, 정신과학, 의학, 범죄학 등에 널리 적용될 수 있다.

글씨 분석을 둘러싼
오해와 진실

Q. 상황에 따라 글씨체가 그때그때 달라진다. 여러 가지 글씨체를 가지고 있는데 어떻게 분석할 수 있는가?

A. 쥘 크레피유 자맹이 《손글씨와 표현》이라는 책에서 지적한 대로 글씨를 쓴 사람의 건강 상태에 따라 필적 분석의 정확성이 떨어질 수 있다. 글씨를 쓸 때의 기분이나 상황에 따라 조금씩 달라지기도 한다. 그래서 정확한 분석을 위해서는 각기 다른 시점에 쓴 7~8점의 글씨체가 필요하다는 것이 필적학자들의 의견이다. 하지만 사람들이 생각하는 것만큼 한 사람이 여러 가지 글씨체를 구사하는 경우는 매우 드물다. 만일 그렇다고 해도, 필적학자들은 여러 가지로 보이는 글씨체들의 공통점을 찾아내서 분석한다.

Q. 글씨체 분석이라는 것이 이미 알려진 그 사람의 성격을 글씨에 끼워 맞추는 것이 아닌가?

A. 〈중앙일보〉 홍병기 기자가 CEO의 글씨를 의뢰하면 성격을 분석해 칼럼을 쓰는 일을 1년 넘게 해오고 있다. 인터뷰 대상자들은 한 분야에서 성공했지만 일반인들은 알기 어려운 사람들이다. 어느 날 검찰에 있었을 때 상사로부터 밥을 사고 싶다는 연락을 받았다. 마침 내가 쓴 칼럼의 주인공이 그 분의 친동생이었던 것이다. 동생의 성격에 대해 의외의 모습을 발견한 그 분은 동생에게 이 분석이 맞는지 확인했다고 한다.

그러자 동생이 답하기를 "나에 대해서 95% 이상을 정확하게 맞췄다."며 무척 놀라더라는 것이다. 이런 사례는 무수하게 많다.

SBS '순간포착, 세상에 이런 일이'에 출연한 적이 있다. PD가 글씨 한 점을 보여주면서 어떤 성향의 사람이냐고 물어 연쇄살인범의 글씨라고 답했다. 알고 보니 1975년 55일 동안 17명을 살해했다가 사형 당한 연쇄살인범 김대두의 글씨였다.

Q. 필적학이라는 것이 과학적인 근거가 없는 유사과학이 아닌가?

A. 서양에서 필적학은 학문의 한 분야이고 특히 프랑스, 독일, 벨기에, 이탈리아, 스위스 등 유럽에서는 매우 번성하다. 프랑스와 독일에서는 국제학회가 자주 개최되고, 유럽과 남미에서는 학위를 수여하고 있다. 프랑스에서는 약 1,000명의 필적 진단사가 인사 컨설턴트나 회사의 인사 담당 책임자 등으로 활약하고 있다.

이탈리아, 독일, 프랑스 등에서 필적학을 연구한 사람들은 의사, 심리학자, 대학 교수 등이다. 공자, 주자, 송시열, 이황, 아리스토텔레스, 아인슈타인, 셰익스피어, 괴테 외에도 필적이 사람의 성향과 관련이 있다고 말한 사람은 수없이 많다. 글씨와 사람 사이에 어떤 연관 관계가 있다는 것은 동서고금의 철학자, 작가들을 통하여 확인된 사실이다.

Q. 나는 악필인데 내 인성이 나빠서 그런 것인가?

A. 그렇지 않다. 요즘은 손글씨를 거의 쓰지 않기 때문에 글씨를 잘 쓰기가 어렵다. 한국인들은 대체로 성격이 급하고 자유분방해서 글씨를 잘 쓰는 사람이 드물다. 게다가 한글의 형태가 상하좌우의 균형이 잘 맞지 않아서 균형 잡히고 보기 좋게 쓰기가 어렵다. 먼저 글씨를 잘 쓴다는 개념부터 짚고 넘어가야 한다.

우리가 일반적으로 예쁘고 단정한 글씨를 잘 쓴 글씨라고 말한다. 그러나 이런 글씨가 반드시 좋은 것도 아니고, 그렇지 않다고 해서 악필도 아니다. 알아볼 수만 있다면 몇 가지 점을 제외하고는 특정 글씨를 좋다, 나쁘다고 단정할 수 없다. 잘 쓴 글씨와 못 쓴 글씨는 스스로 추구하는 인간상에 따라 달라지는 것이지 필적학적으로 악필이 따로 있는 것은 아니다.

Q. 나는 악필인데 천재 가능성이 있는 것인가?

A. 베토벤, 파스칼, 괴테, 톨스토이, 레오나르도 다빈치 등 천재들의 글씨는 알아보기 어렵다. 아마도 천재의 특징 중 하나가 매우 빠른 필기 속도일 것이다. 머리 회전이 너무 빨라서 손이 이를 따라 가지 못한다. 또 천재들의 필체는 불규칙적이다. 빠른 속도로 불규칙한 글씨를 쓰니 알아보기 어려울 수밖에 없다. 따라서 천재가 악필이라는 속설은 어느 정도 일리가 있다. 하지만 알아볼 수 없는 글씨를 쓰는 모든 사람이 천재인 것은 아니다. 글씨를 알아볼 수 없는 이유가 여러 가지이기 때문이다.

Q. 글씨 분석은 사주, 관상과 유사한 것 아닌가?

A. 사주, 관상에 대해서 정확히 알기 어렵지만 글씨 분석만큼 과학적인 연구와 임상실험이 되지 않았을 것이다. 그보다 결정적인 차이는 글씨 분석은 정해져 있는 것을 분석하는 데 그치지 않고 연습을 통해 사람의 내면을 바꿀 수 있는 방법을 제시한다는 점이다. 따라서 어느 정도 정해진 운명을 이야기하는 사주와 크게 다르다.

Q. 서명은 2~3글자에 불과한데 그것만으로 어떻게 분석이 가능한가?

A. 분석할 자료가 많아야 분석의 정확성이 높아지는 것은 사실이다. 하지만 서명은 많은 정보를 주는 필체의 보물 창고이다. 서명에는 각자의 개성이 잘 드러나기 때문에 서명만으로도 어느 정도 수준까지는 분석이 가능하다.

Q. 친일파 글씨체의 특징으로 크고 좁고 긴 모양, 유연성, 넓은 글자 간격, 좁은 행 간격, 불규칙성, 장식성 등을 들었다. 이런 글씨체를 쓰는 사람은 친일 성향이 있는 것인가?

A. 일제 강점기에 친일 행위를 한 사람들은 민족을 배반한 행위 때문에 비난받는 것이지, 그들의 성향 때문에 비난받는 것은 아니다. 《친일인명사전》에 기록된 친일파만 해도 1만 명이 넘고 친일파의 성향에도 여러 가지가 있는데 그 특징 모두가 나쁜 것은 아니다. 이를테면 사교적이고 새로운 환경에 적응을 잘하는 성향은 오히려 현대사회에서 권장할 만하다. 더 자세한 내용이 궁금하다면 《필적은 말한다》를 참고하기 바란다.

돈 버는 글씨체가
따로 있다고?

"필체로 사람의 심리를 알 수 있는 것은 이해하겠는데, 필체를 바꾸는 정도로 인생의 과제가 해결될 리 없다."고 생각하는 분이 있을지도 모르겠다. 하지만 필적은 '뇌의 흔적'이자 '몸짓의 결정체'이므로 심리학적으로 분석하여 그 근원을 알게 되면, 행동 습관인 필체를 바꾸어 성격을 바꿀 수도 있게 된다. 의식적으로 글씨체를 바꾸면 성격이 변하고, 성격이 바뀌면 행동 패턴이 변하며, 행동 패턴이 바뀌면 인생이 바뀐다.

앞서 말한 대로 동양에서는 글씨 쓰기를 지식인의 덕목으로 삼았다. 우리 조상들은 글씨를 학문과 수양의 결정체라고 보았기 때문에 자신을 완성하기 위해 글씨를 쓰고 또 썼다. 서양에서도 글씨 연습을 한 사례는 많다. 그중 하나가 링컨 대통령이다. 그가 벤저민 프랭클린과 조지 워싱턴의 글씨를 따라 쓰는 연습을 했다는 기록이 있다.

필적학자들은 필적요법(grapho-therapy)을 활용한 심리치료를 실험해왔다. 글씨체를 바꿔 성격이나 내면의 문제를 치유하는 심리요법으로 필적학과 심리학 2가지를 활용한다. 필적요법은 1908년 파리의학연구소의 심리학자인 에드거 베릴론*Edgar Bérillon*이 처음 도입했다. 1929~1931년에 프랑스의 과학자인 피에르 자네 박사, 샤를 앙리*Charles Henry* 교수가 소르본 대학에서 필적요법의 효과를 실험했다.

여러 임상실험을 통해 필적학이 심리치료 수단의 하나로 인정받고 있다. 필적요법은 특히 문제아 등 어린이들의 집중력 향상과 인성 개발에 효과가 있다. 어린이들은 아직 인성이 확립되지 않았기 때문이다. 프랑스의 필적학자들은 알코올중독자를 상대로 필적 교정을 해서 큰 효과를 보았다는 사례들을 소개한다. 미국, 일본 등에서는 글씨체를 바꿔서 성공하기와 같은 실용 지침서들이 꽤 나와 있고 성공 사례들이 수없이 많이 보고되었다.

국내에도 글씨 연습이 내면을 바꾼다는 연구 결과가 많다. 김완태의 〈서예 교육이 중학교 학생의 감성 지능에 미치는 영향〉(2003)이라는 논문을 보면 중학교 1학년생 24명을 대상으로 5개월에 걸쳐 서예 교육을 하였더니 자기 동기부여, 감성 관리에서 두드러지는 효과가 있었다. 권은경은 〈서예 학습과 아동 주의 집중력의 상관관계 연구〉(2008)에서 초등학교 3학년생 48명을 대상으로 한 10주 서예 교육으로 학생들의 주의 집중력이 향상되었고 선택적 주의력, 자기 통제력, 지속적 주의력도 향상되었다는 결과를 입증했다.

이 책에서는 추구하는 인간상을 정해두고 따라 쓰는 방법도 제시하지만 자신이 바꾸고 싶은 성향이나 성격을 정해서 그렇게 되는 글씨체를 쓰는 방법도 제시한다. 사람들은 대개 '추진력 있는 사람이 되고 싶다.', '외향적인 사람이 되고 싶다.' 등 자신의 성격을 변화시키고 싶어 한다. 또는 돈을 많이 벌고 싶다거나 연예인으로 성공하고 싶어 한다. 즉 원하는 유형의 필체를 정해놓고 그에 맞게 연습하면 내가 원하는 성격에 다가갈 수 있다.

인생은 인과관계이다. 오늘은 어제의 결과이고 내일의 원인이다. 그 원인은 우리의 무의식이 형성한 매일의 행동에서 나온다. 따라서 우리 무의식의 행동 원인이라고 할 수 있는 성격을 바람직한 방향으로 바꾸면 내일이 바뀌고, 결국 인생이 바뀌는 것이다. 자신이 원하는 글씨체를 꾸준히 연습하면 성격이나 인생이 바뀔 수 있다는 것이 매력적이지 않은가?

아주 작은
글씨 연습의 힘

필체를 바꾸는 2가지 방법을 소개한다. 첫 번째 방법은 자신이 모델로 삼는 사람의 필체를 흉내 내는 방법이다. 어떤 사람을 모델로 삼을 것인가?

예를 들어 돈을 많이 벌고 싶다면 정주영 현대그룹 창업자, 이병철 삼성그룹 창업자가 쓴 글씨를 따라 쓰면 된다. 요즘에는 인터넷에 'ㅇㅇㅇ 친필', 'ㅇㅇㅇ 글씨', 'ㅇㅇㅇ 사인', 외국인의 경우에는 '△△ handwriting', '△△ signed'라는 검색어로 검색하면 대부분 찾을 수 있다.

장점은 모델로 하는 인물의 내면을 닮을 수 있다는 것이다. 그러나 모델이 될 만한 인물의 한글 글씨를 구하기 어렵다. 한민족 역사에서 지식인들이 한글을 전용한 것이 1960~70년대 이후인데 얼마 안 지나서 손글씨가 사라졌다. 예를 들어 한국인이 존경하는 세종대

왕, 이순신, 정약용 같은 분들의 한글 글씨를 구하기가 불가능하거나 매우 어렵다. 외국인들의 한글 글씨를 구하기 어려운 것은 물론이다. 유명인이 아닌 주변 사람의 글씨체를 구해 연습하는 것도 추천한다. 롤모델로 삼는 사람이 주변에 있을 경우에 선택하기 좋은 방법이다.

단점으로는 모델이 된 인물의 특성 중 내가 닮고 싶은 장점이 있지만 닮고 싶지 않은 약점도 있을 수 있다. 게다가 성인의 경우에는 현재 자신의 모습을 완전히 바꾸기가 쉽지 않다. 어느 정도 골프 경력이 있는 사람에게 이상적인 골프 스윙을 무조건 따라 하게 하면 매우 힘들고 효과도 미지수이다. 그럼에도 나 자신을 혁신적으로 바꿀 수 있는 이 방법을 따르려면 4부를 참고하라.

글씨를 바꾸는 두 번째 방법은 자신의 목표 달성, 또는 과제 해결에 부합하는 필적 특징을 부분적으로 바꾸는 방법이다. 현재의 자신에게서 부족하다고 생각되는 부분을 생각해보자. 그리고 '공부를 잘하고 싶다.', '긍정적인 사람이 되고 싶다.', '인내심을 기르고 싶다.', '연예인으로 성공하고 싶다.', '일을 똑 부러지게 하고 싶다.', '시험에 합격하고 싶다.'와 같은 목표를 세운다. 그 다음에 이 책에서 제시하는 필적 특징을 따라 쓰는 것이다.

이 방법의 장점으로는 자신의 정체성을 그대로 간직하면서 단점을 보완할 수 있다는 점이다. 나 자신을 완전히 바꾸는 것이 아니어

1부 3,000년의 내공이 담긴

서 고치기도 쉽고 효과적이다. 단점으로는 글씨체의 일부 특징만 바꾸게 되면 내 글씨의 나머지 부분과 조화를 이루지 못할 수 있다. 모델로 삼고 싶은 인물이 없거나 현재의 자신에게 전반적으로는 만족하지만 부분적으로 바꾸고 싶은 부분이 있다면 이 방법을 권한다(3부 참고).

필체를 바꾸는 방법에 대해 얘기할 때마다 악필이라며 걱정하는 분들이 많다. 나 역시 필적 연구를 하면서 필체의 본질은 무엇인지, 어떤 필체가 좋은지에 대해 고민해왔다. 매우 어려운 주제이다.

좋은 필체의 기준에 대해서는 필적학자들의 의견이 많이 갈린다. 보통은 조화로운 글씨, 명료한 글씨, 균형 잡힌 글씨, 독창성이 있는 글씨, 단정한 글씨 등이 필적학자들이 제시하는 좋은 글씨이다. 내 결론은, 글씨는 곧 그 사람으로서 어떤 성향을 가진 사람이 반드시 좋다고 할 수 없듯이 글씨도 마찬가지라는 것이다.

사람의 성향을 말할 때 어떤 것이 꼭 좋다고 말하기 어렵다. 예를 들어 대범하고 통이 큰 사람은 통솔력이 있지만 세심하지 못하고 낭비벽이 있다. 대범하고 통이 큰 사람(큰 글씨)이 집중력이 뛰어나고 세심하며 절약하는 사람(작은 글씨)보다 더 낫다고 할 수 없듯이, 큰 글씨가 작은 글씨보다 낫다고 할 수 없다. 물론 그 반대의 결론도 마찬가지다.

결국 자신이 추구하는 삶에 맞는 글씨가 가장 좋은 필체이다. 예를 들어 과학자나 수학자는 섬세하고 논리적인 사람의 특징을 가진 필체를 쓰면 훌륭한 업적을 이룰 수 있다. 수험생은 공부를 잘하는 데 적합한 필체를 쓰면 시험에 합격하게 된다. 게다가 평생 한 가지 글씨체만 쓰라는 법도 없지 않은가! 학생 때는 공부를 잘하는 글씨체를 쓰다가, 회사에 들어가면 일 잘하는 글씨체를 쓰고, 높은 지위에 올라가면 리더의 글씨체를 쓰면 된다. 그러니 자신의 글씨체에 자신감을 가지고 페이지를 넘겨보라.

어떻게, 얼마나
연습하면 될까?

스스로를 변화시키고 싶다면 글씨 연습은 가장 확실하면서도 빠른 방법이다. 내 경험과 필적학자들의 주장을 종합하면 권장하는 연습 방법과 기간은 다음과 같다.

· **하루에 20분 이상 매일 연습하라.**

열심히 할수록 목적을 빠르게 달성할 수 있다. 자투리 시간이 날 때마다 글씨 연습을 해라. 최소한 하루에 20분 이상 해야 한다.

· **줄 없는 종이에 연습하라.**

특별한 종이는 필요 없다. 다만 A4 용지와 같이 줄이 없는 용지에 쓰는 것이 좋다.

- **평소에 쓰는 필기구를 이용하라.**

글씨 연습은 붓으로 한다는 고정관념을 버려라. 평소에 자주 쓰는 볼펜, 만년필, 연필을 사용하면 된다.

- **자신의 이름부터 시작하라.**

이름을 쓸 때 개인의 필적 특징이 가장 잘 드러난다. 우리가 쓰는 글자 중에서 가장 자주 쓰는 것이 자신의 이름이고, 가장 마음을 담아 쓰는 것도 자신의 이름이기 때문이다.

어쩌다 한 번 글씨를 쓰는 사람도 서명은 자주 한다. 그림이나 글씨의 진위를 구별할 때 가장 눈여겨보는 부분이 서명이다. 특징이 잘 드러나는 부분이기 때문이다. 필적 개선을 시작할 때에는 먼저 자신의 이름으로 연습하기를 추천한다. 다른 글씨를 쓸 여유가 없더라도 이름만은 꼭 연습해야 한다.

- **좋아하는 문장이나 글을 써라.**

이름 쓰기를 연습하면서 자신이 좋아하는 문장이나 글을 함께 쓰면 더 좋다. 종교인이라면 경전을 따라 써보라. 다만, 이 책에서 제시하는 단어나 문장을 따라 쓰면 더 효과가 있을 것이다. 효과를 극대화시키는 단어와 문장을 엄선하여 소개하기 때문이다.

· 하루도 빠짐없이 40일 이상 연습해라.

일반적으로 6주, 40일 정도는 지나야 글씨체에 변화가 나타난다고 이야기한다. 하지만 이것이 절대적인 기준은 아니다. 내 경험으로는, 글씨체를 조금 바꾸는 경우라면 이 정도의 기간이면 족하다. 하지만 자신의 글씨체와 완전히 다르게, 즉 자신의 성향과 정반대로 바꾸려면 그것보다 더 오래 걸린다.

· 미리 써둔 것을 보고 베끼지 마라.

특정인의 글씨체를 따라 쓰는 경우는 예외다. 자신의 글씨체를 일부 바꾸는 경우라면 미리 써둔 것을 보고 베끼지 말고 매번 신경 써서 새롭게 써야 한다.

· 천천히 써라.

빨리 쓰면 평소의 습관이 나오기 쉽다. 천천히 써야 글씨체가 바뀐다. 바뀐 글씨체가 익숙해지면 그때는 빨리 쓸 수 있을 것이다.

· 한꺼번에 너무 많이 바꾸려고 하지 마라.

돈을 많이 벌 수 있는 글씨체와 스포츠 스타가 되는 글씨체를 한꺼번에 연습하면 효과가 더딜 수밖에 없다. 확실한 목표를 정해서 한 가지만 바꾸고, 그 글씨체가 익숙해진 다음에 다른 목표를 세우는 것이 좋다.

하루 20분,
6주 습관 만들기

하루 20분, 6주간 꾸준히 글씨를 연습해야 효과가 나오기 시작한다. 특별히 신경 쓰지 않아도 원하는 글씨체가 나온다면 변화가 이루어진 것이다. 무심코 썼을 때 나오는 글씨체가 자신의 진짜 글씨체이다. 그렇게 될 때까지 쓰고 또 써야 한다.

앞에서 언급했듯이 필적 개선을 시작할 때에는 자신의 이름을 적극적으로 활용하기를 바란다. 여러 가지 단어나 문장을 연습하는 것이 바람직하지만 최소한 자신의 이름만이라도 자연스럽게 쓸 수 있도록 교정하는 것이 좋다. 다음은 글씨체를 바꾸는 2가지 방법에 따라 6주 플랜을 작성한 것이다. 하루 20분 이상 연습하면 미래 20년이 달라질 수 있다!

- 롤모델의 필체를 따라 쓰는 방법 예) 정주영의 필체

구분	내용	1일	2일	3일	4일	5일	6일	7일
1주차	제시어 1개 따라 쓰기							
2주차	제시어 2개 따라 쓰기							
3주차	이름, 문장 1개 따라 쓰기							
4주차	이름, 문장 2개 따라 쓰기							
5주차	이름, 문장 3개 따라 쓰기							
6주차	이름, 문장 3개 따라 쓰기							

- 필체를 부분적으로 바꾸는 방법 예) 돈 잘 버는 필체

구분	내용	1일	2일	3일	4일	5일	6일	7일
1주차	이름, 제시어 1개 따라 쓰기							
2주차	이름, 제시어 2개 따라 쓰기							
3주차	이름, 문장 1개 따라 쓰기							
4주차	이름, 문장 2개 따라 쓰기							
5주차	이름, 문장 3개 따라 쓰기							
6주차	이름, 문장 3개 따라 쓰기							

2부

글씨를 보면 운명이 보인다.
운명을 바꾸면 인생이 바뀐다

내 글씨를 어떻게 분석할까?

필적학 지식과 분석 경험 등이 축적되어야 정확한 글씨 분석이 가능하다. 하지만 초보자라도 이 책을 보면 어느 정도 분석할 수 있다. 일기장, 메모, 편지 등을 꺼내어보자. 필적 자료가 없다면 다음 지침에 따라 글씨를 써보자(뒷장에 있는 '글씨 연습장'을 활용하자).

- A4 용지와 볼펜을 준비하라. 반드시 볼펜을 사용한다.
- 평소에 쓰는 속도로 써라. 특별히 느리게 쓰거나 서두르지 마라.
- 띄어쓰기 등 맞춤법에 신경 쓰지 말고 써라.
- 당신의 이름을 써라.
- 평소 좋아하는 글귀나 좌우명을 써라.

특별하게 떠오르는 단어나 문장이 없다면 다음에서 선택한다.

[맞춤법] [날씨] [찰떡궁합] [한가위] [법률] [대한민국] [출발] [글씨
연습] [어린아이] [민주정치] [무소유] [삼일절] [설득전략] [긍정적]

[모든 일의 시작은 위험한 법이지만, 무슨 일을 막론하고 시작하
지 않으면 아무것도 시작되지 않는다. -니체]

[죽는 날까지 하늘을 우러러 한 점 부끄럼이 없기를 잎새에 이는 바
람에도 나는 괴로워했다. 별을 노래하는 마음으로 모든 죽어가는 것을
사랑해야지. 그리고 나한테 주어진 길을 걸어가야겠다. -윤동주]

[어린아이는 순진무구요 망각이며, 새로운 시작, 놀이, 스스로의 힘
에 의해 돌아가는 바퀴이며 최초의 운동이자 거룩한 긍정이다. -니체]

[삶이 그대를 속일지라도 슬퍼하거나 노하지 말라. 우울한 날들을
견디면 믿으라, 기쁨의 날이 오리니. -푸슈킨]

[산고를 겪어야 새 생명이 태어나고 꽃샘추위를 겪어야 봄이 오며
어둠이 지나야 새벽이 온다. -김구]

글씨 연습장

앞에서 나온 사례 단어, 문장을 평소 습관대로 써보자. 18세 이
하의 청소년은 글씨가 완성된 것이 아니므로 정확한 필적 분석이 어
려울 수 있다. 노인은 건강 상태에 따라 정확한 분석이 어려울 수 있

2부 글씨를 보면 운명이 보인다.

다. 필적 분석을 할 때는 통상적인 상황에서 쓴 글씨가 필요하기 때문에 불편한 상태에서 쓰지 않도록 유의한다.

큰 글씨 vs. 작은 글씨

서양의 필적학자들은 기초선*base line*을 기준으로 알파벳 크기가 약 3mm를 넘는지 여부로 글씨의 크고 작음을 판단한다. 즉, 기초선의 사이 간격을 알파벳의 평균 크기로 보는 것이다.

사이 간격을 3mm로 보면, 예를 들어 소문자 a나 c나 e는 높이 3mm, b나 g나 p는 6mm가 평균 크기이다. 그래서 글씨의 전체 높이가 9mm가 안 되면 작은 글씨, 9.5~11mm가 평균 크기, 11.5mm가 넘으면 큰 글씨라고 보기도 한다.

$$a \quad c \quad e \quad b \quad g \quad p$$

a는 3mm, b나 g는 6mm가 평균 크기이다.

2부 글씨를 보면 운명이 보인다.

알파벳의 크기 기준과 200자 원고지의 글씨 면적(가로와 세로 각 1cm)을 감안하면 한글의 경우, 높이 8~9mm가 평균 크기, 7mm가 안 되면 작은 글씨, 10.5mm가 넘으면 큰 글씨라고 할 수 있다.

평	균					작	은
		큰					

큰 글씨는 열정, 열광, 격정, 성취 욕구가 강함, 확장 지향, 모험을 즐김, 진취적 기상, 대담함, 호방함, 사람에게 후함, 흥취가 있음, 적극성, 자존심이 강함, 표현 욕구가 강함, 개방적, 사교적, 활동 지향, 근면을 의미한다. 일반적으로 글씨를 처음 배우는 아이의 글씨가 어른에 비해서 크다. 어린이는 누구의 제약을 받지 않고 거리낌 없이 느낀 그대로 표현하기 때문이다.

나이가 들어가면서 사려가 깊어지고 조심스럽게 되고 행동이나 사고에 제약을 받으면서 글씨가 작아지는 경우가 많다. 어른이 되어서도 큰 글씨를 쓰는 사람은 어린아이의 마음을 잃지 않는 경우이다. 밝고 거리낌 없이 자신을 마음껏 표현하고 행동할 수 있는 리더, 연예인, 정치인 중에 큰 글씨를 쓰는 사람이 많다. 김영삼 전 대통령이 대표적이다.

큰 글씨의 단점으로는 교만함, 불손, 오만, 현실 감각이 약함, 순진, 충동성, 허영심이 강함을 들 수 있다. 아주 큰 글씨는 대담함, 거침이 없음, 자기중심적, 자부심이 강함, 이기적, 과대망상증, 정신병을 의미한다.

글씨가 작은 사람은 파격적이거나 무모한 행동을 싫어하고 무리하지 않으며 소극적이고 얌전한 성향을 가지고 있다. 작은 글씨는 속도가 느림, 치밀, 신중, 객관성, 일에 집중, 정밀한 사고, 현실 감각을 지님, 냉정한 억제, 주의력, 경계심, 근신, 겸손, 절제, 경미한 확장 지향을 의미한다.

글씨가 작다고 해서 에너지가 적은 것은 아니다. 큰 글씨를 쓰는 사람들이 에너지를 외부로 돌리는 것에 반해서, 작은 글씨를 쓰는 사람은 에너지가 내부로 향할 뿐이다. 외부의 장애로 인해 조심스럽게 되거나 자신감을 잃고 글씨가 작아질 수도 있다. 일반적으로 학교를 졸업하고 사회인이 되면 이런 유형이 많다. 또 신체가 큰 사람에게서 글씨가 작은 경우를 많이 찾아볼 수 있다.

작은 글씨를 쓰는 사람의 단점으로는 자신감 부족, 열정 부족, 불안정, 열등감, 소극적, 망설임, 주저함, 쩨쩨함, 탐욕스러움, 이기적이거나 기만적인 성격 등을 들 수 있다. 작은 글씨를 쓰는 사람은 과학자, 발명가, 편집자, 엔지니어, 수학자 등이 많다.

앞에서 자신의 이름을 적어보라고 했다. 자신의 이름의 크기는 자기주장의 강도를 알려준다. 다른 글자에 비해 이름을 크게 쓰는 사람은 자신을 소중히 여기는 사람이다. 자신의 힘을 믿고 그만큼 자기 자신을 중시한다. 대표적인 인물이 루이 14세이다. 자신의 이름을 지나치게 작게 쓰는 사람은 그 반대의 성향이다.

이런 경우는 상대방에 대한 배려가 크지만 정작 자신은 자존감이 낮을 가능성이 높다. 이름의 마지막 획을 길게 쓰는 경우는 자신의 가치를 중요하게 생각하고 자신의 이름, 재능, 상황을 자랑스러워 한다는 것을 의미한다.

둥근 글씨 vs. 각진 글씨

글씨의 형태는 타고난 성향, 독창성, 취향, 개성을 의미한다. 글씨가 둥근지, 각졌는지가 의미하는 것에 대해서는 동서양의 필적학자들이 비슷한 견해를 보인다. 다만 중국이나 일본은 한자나 히라가나, 가타카나를 사용하고 서양은 알파벳을 사용하기 때문에, 즉 사용하는 문자의 형태가 다르기 때문에 주로 관찰하는 부분이 다르다.

중국이나 일본의 필적학자들은 전절부[轉折部, 예를 들어 'ㅁ(입 구)' 자에서 오른쪽 윗부분]가 각졌는지, 둥그스름한지를 따진다. 일본에서는 각지면 전절각형轉折角型, 둥그스름하면 전절환형轉折丸型이라고 부른다.

미국필적학회를 만든 위고 하겐Hugo J. von Hagen 박사는 《필적학》에서 쾌활하고 태평하며 부드러운 소통 능력을 가지고 평화를 사랑하는 사람이 둥근 글씨를 쓴다고 한다. 반면 조용하고 완고하며 냉정하고 강한 심성을 가진 사람들은 각진 글씨를 쓴다고 한다. 날카롭

2부 글씨를 보면 운명이 보인다.

고 각진 글씨는 정의와 형평성을 좋아하고 다소 잔인하며 야만적인 사람들이 많다고 분석한다.

스위스의 필적학자 막스 풀버는 글자의 모양은 쓰는 사람이 내적·외적 세계를 받아들이는 방식을 나타낸다고 설명한다. 둥근 글씨는 수동적인 사람이 쓰고, 매우 각진 글씨는 저항적인 사람이 쓴다는 것이다.

필적학자들은 둥근 글씨는 친화적이고 사회성이 있으며 다정하고 편안한 사람을 의미한다는 데 대체로 의견이 일치한다. 또 여성스럽고 외부의 영향을 쉽게 받으며 적응력이 있고 즐거움과 그것을 위한 돈을 버는 데 애착을 가질 수 있다고 본다. 각진 글씨는 용기가 있고 열심히 일하며 적극적이고 현실적이고 물질적이며 신뢰할 수 있으나 무례하고 거칠며 이기적이고 저항적이고 융통성이 없다고 말한다.

모서리에 각이 선명한 모난 글씨는 사회규범을 잘 지키는 사람들이 쓴다. 의지가 굳고, 자기 자신에게 엄격하고, 다른 사람에게 비판적이며 유머가 부족한 성격의 소유자이다. 정직하고 고집이 있으며 원칙을 중시한다. 조직 관념이 강하고 품행이 단정하다. 모험을 좋아하지 않고 정의감과 책임감이 있다. 규칙적이고 꼼꼼하며 진지하고 고지식하다.

단점으로는 저항적, 이기적이고 기계적이며 융통성이 없고 민첩하지 못하고 아이디어가 풍부하지 못하고 일을 지나치게 소심하게 한다. 군인이나 공무원 등에 적합하다. 안중근 등 독립운동가들은 주로 모서리에 각이 선명한 글씨를 쓴다. 아주 날카롭게 각진 필체라면 융통성 없는 완고함과 공격적인 성격임을 뜻한다. 마틴 루서킹과 같은 사회운동가들은 매우 각진 모서리를 가진 글씨를 쓰는 경우가 많다.

각이 별로 없는 글씨를 쓰는 사람은 성격이 밝고 원만하며 합리적이다. 상상력이 풍부하고 아이디어가 많으며 유연성과 융통성이 있는 경우가 많다. 유머와 센스가 있는 경우가 많고 분쟁을 좋아하지 않는다. 이런 사람들은 때로는 상식에서 벗어나는 경우가 있고 편법을 활용하기도 한다. 창조적인 기획, 영업 등이 적합하다.

영화배우 이영애, 송혜교 등 연예인, 대종교의 나철, 혜민 스님과 같은 종교인, 김기창과 같은 화가, 한용운, 김동환과 같은 시인에게서 자주 볼 수 있다. 테레사 수녀의 둥글둥글한 글씨는 그녀가 온화하고 융통성이 있으며 밝고 긍정적이고 유머감각이 있고 사랑과 감성으로 가득 차 있었다는 것을 말해준다.

찰스 왕세자가 순진무구하고 따뜻한 마음에 끌려 결혼을 결심했다는 영국의 다이애나 왕비도 매우 둥근 글씨를 썼다. 빌 게이츠처럼 자선사업을 하는 사람들도 둥근 글씨를 쓴다. 반면 둥근 글씨는 식사 장애가 있는 여성에게서도 발견된다고 알려져 있다.

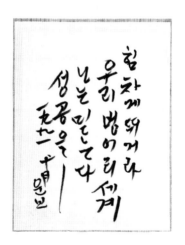

학자 이병기의 편지. 모서리에 각이 매우 선명한 글씨이다.

화가 김기창의 글씨. 둥글둥글하다.

필압이 강한 글씨
vs. 필압이 약한 글씨

필압이란 글씨를 얼마나 눌러서 쓰는지를 보는 것이다. 앞에서 필적 진단을 할 때 볼펜을 반드시 쓰라고 한 이유는 필압을 판단하는 데 도움이 되기 때문이다. 종이 뒷면을 보았을 때 펜이 눌린 자국이 확연한가? 필압이 강한 것이다.

강한 필압을 가진 사람은 글자의 시작 부분과 끝부분에 꺾임이 있으며 선은 곧게 뻗어 나간다. 종이 앞면에서 글자의 시작과 끝에 꺾임이 없으며 필선이 희미한 경우는 필압이 약한 것이다. 종이 앞면에서 뚜렷한 필선이 보이지만 뒷면에서 펜에 눌린 자국이 안 보이는 경우는 보통의 필압이라고 할 수 있다.

필압은 기억과 관련이 있기도 하고 글씨를 쓸 때의 기분이 반영되기도 한다. 어떤 기억을 떠올릴 때 강한 필압으로 쓰게 되고 비정상적인 상황에서는 필압이 높아지기도 한다. 예를 들어 화가 날 때

욕이라도 쓰려고 하면 반드시 힘이 들어간다. 또 좋아하는 사람에게 메시지를 남기는 경우에도 정중하게 쓰려다 보니 자연스럽게 필압이 강해진다. 이렇게 필압은 쓰는 사람의 심리 상태(에너지)가 반영되기 쉬운 부분이다.

필압은 힘, 욕구를 의미한다. 필압은 쓰는 사람의 근육의 힘과 무관하다는 것이 연구 결과에 의해 밝혀졌다. 자코비*H. Jacoby*와 로만*K. G. Roman*의 연구에 따르면 일용노동자 중 가장 힘센 사람도 보통 정도의 필압을 보인다.

필압이 세다는 것은 정신적 힘이 강하고 의지가 굳다는 것을 의미한다. 활력이 있고 결연함, 열정, 주도권, 용기, 자기주장이 강함, 물질주의, 공격성, 호전적, 저항적, 감각적, 심미적임을 의미한다. 안중근, 박정희 전 대통령, 조선 후기의 송시열, 야구선수 최동원, 선동열과 같은 강인한 정신을 가진 사람에게서도 나타나고 유영철과 같은 살인범에게서도 나타난다. 일상 행동 역시 파워풀한 경우가 많다. 이런 경우에는 주변 사람들과 불화가 있을 수 있다.

필압이 약하다는 것은 에너지가 약함, 활력이 약함, 저혈압, 신사적, 예민함, 정제, 싸우려는 의지가 약함, 수줍음, 복종, 유순을 의미한다. 하지만 에너지를 효과적이고 경제적으로 사용할 수 있는 능력이 있는 사람이 약한 필압으로 쓰기도 한다. 문인이나 예술가 중에

박정희 전 대통령의 글씨.
필선이 곧게 뻗어 나가고 두꺼워서 필압이 강함을 알 수 있다.

는 필압이 약한 사람들이 많다.

　보통의 필압은 감정적인 안정감, 침착함, 합리성, 명료, 조심스러움 등을 의미한다. 필선이 곧고 긴 글씨체와 결합하면 용기, 절제, 인내심을 의미한다.

　　　　　　　　　　　　　2부 글씨를 보면 운명이 보인다.

오른쪽으로 올라가는 글씨
vs. 오른쪽으로 내려가는 글씨

글씨의 기울기는 기분, 마음가짐, 감정을 나타낸다. 글씨의 기울기는 기초선, 글자의 기울기를 보고 판단한다. 기초선이 수평을 유지하는 글씨는 절제력이 있고 객관적인 판단을 내리는 사람이다. 기초선이 정확하게 수평을 이루는 경우는 주로 냉정하다고 평가받는다.

　이런 사람은 객관적 시각을 가지고 있으므로, 항상 침착하고 냉정하게 사물을 분석하고 관찰한다. 스스로를 통제하는 능력이 있고 기분에 좌우되지 않는다. 감정을 잘 드러내지 않고 독립적이며 무심하고 심지어는 무관심하기도 하다. 조심스럽다는 것이 가장 큰 특징이다. 유연성을 가지기 어렵다는 단점이 있다. 관료, 군인에게서 자주 보인다.

　기초선이 오른쪽으로 갈수록 가파르게 올라가는 경우에는 특히 열정적이고 적극적인 행동파가 많다. 요리연구가 백종원, 골프선수 박인비, 마이클 잭슨, 타이거 우즈가 그 예이다. 귀찮은 일을 외면하는 현실 도피형의 경우도 있다.

기초선은 수평인데 글자의 기울기가 우상향하는 글씨가 있다. 이런 사람은 활기차고 열정이 있으며 에너지가 넘치고 쾌활한 낙천주의자이다. 세상에 대해 긍정적이고 낙관적이며 충성심이 높고 보수적이라고 분석하기도 한다. 성공하는 사람들은 대부분 이런 글씨체를 가졌다.

기초선이 오른쪽으로 갈수록 밑으로 내려가는 글씨를 쓰는 사람은 지나치게 걱정이 많거나 세상을 부정적으로 바라보고 비판적이다. 감정 표현을 삼가고 차가운 얼굴을 가지고 있다. 억압되고 행동을 주저하는 성향을 보인다. 자기중심적이고 독립적이며 남들과 잘 지내기 어렵다. 평론가, 분석가에 적합하다.

몸이 피곤하거나 낙심한 상태이거나 병이 있는 경우에도 이런 글씨체가 나타난다. 이런 경향이 계속되면 비관주의가 되거나 알코올 중독이 되거나 만성적으로 우울하게 된다. 우울증에 걸리면 기초선이 오른쪽으로 갈수록 훨씬 많이 밑으로 내려간다.

기초선이 오르락내리락하는 필체는 정신적으로 혼란스러운 상태이다. 글자의 모양이나 글자 사이의 간격, 행의 간격 등이 일정치 않은 필체는 충동적으로 행동하기 때문에 도무지 종잡을 수 없는 위험한 인물이다. 연쇄살인범 김대두가 그렇다.

독립운동가 이동녕의 편지.
우상향하는 글씨는 성공하는 사람들에게 공통적이다.

한 획으로 이어 쓰는 글씨
vs. 여러 획으로 쓰는 글씨

하나의 획으로 하나의 글자를 완성하는 것을 연면형連綿型이라고 부른다. 또 한 글자의 마지막 획이 다음 글자의 첫 획으로 이어지면 연면형에 속한다. 독립운동가이자 정치인 이범석, 피아니스트 백건우, 조성진, 바이올리니스트 정경화, 영화배우 이영애, 송혜교, 혜민 스님, 소설가 이외수가 대표적이다.

이런 글씨를 쓰는 사람은 논리적이고 정보를 종합하는 능력이 뛰어나다. 사물의 연결과 관계를 이해할 수 있다. 즉, 세상에서 일어나는 일은 단순하지 않고 복잡하게 구성되었다는 사실을 이해하는 사람이다. 사회생활의 관점에서 보면 건조하지 않으며, 정신력과 집중력이 높아야 이런 글씨를 쓸 수 있다. 인정과 의리를 중시하다 보니 냉정하지 못하다는 단점이 있다.

시인 김억의 편지.
하나의 획으로 하나의 글자를 완성하는 연면형의 글씨체를 보인다.

자획이 일일이 독립된 글씨를 쓰는 것을 비연면형非連綿型이라고 부른다. 해서楷書처럼 각각의 선이 독립되어 이어져 있지 않다는 것은 사물의 연결 등은 고려하지 않는다는 뜻이다. 논리보다는 직관이나 감각에 의지한다. 어린아이의 글씨는 모두 비연면형이다.

이런 유형의 사람은 지적이지만 감정적으로 독립적인 것을 좋아한다. 분석하는 것을 좋아하지 않고 큰 그림을 놓치곤 한다. 매몰찬 성격 때문에 인간관계에 약간 냉정하게 되거나, 사물을 단순히 생각하는 경향이 있다. 화가 중에서 이런 글씨체를 보이는 경우가 많다.

획 사이가 여유 있는 글씨
vs. 획이 가까이 붙어 있는 글씨

한글은 자음과 모음으로 구성된다. 한 글자를 구성하는 자음과 모음 사이의 공간은 마음의 넓이를 보여준다. 이 공간이 넓은 사람은 마음이 넓고 포용력이 있으며 상대방의 말을 잘 들어준다. 인간관계뿐 아니라 새로운 정보나 지식 등을 적극 수용하고 흡수하고 싶은 마음이 있는 사람에게서 보인다.

이 공간이 좁은 경우는 자기주장이 강하고 남의 말을 잘 받아들이지 않으며 폐쇄적인 면이 있다. 꾸준한 과정으로부터 결과를 내는 타입이므로 폭넓게 여러 가지를 하기보다는 뭔가 한 가지를 파고들어 전문가나 장인이 되는 것이 좋다. 의사소통에 문제가 있을 수 있기 때문에 리더에게는 적합한 글씨가 아니다. 대표적으로 선조의 글씨가 그렇다(177쪽 참고).

글자 간격이 넓은 글씨
vs. 글자 간격이 촘촘한 글씨

글자끼리 닿을 정도로 가까우면 자간이 매우 좁은 것이고 자간이 글자 가로 크기의 1/2보다 크면 자간이 넓은 것이다.

필적학에서는 글자와 글자 사이의 공간이 넓을수록 그 사람이 어떤 행동을 할 때까지 오랜 시간이 걸린다고 본다. 반대로 글자를 틈 없이 빽빽하게 쓰는 사람은 행동이 빠르고 급한 편이다. 또 자의식이 강하며 자기 자신에게 엄격하다.

성삼문, 김창흡, 김만중, 이익, 한광회 등 조선시대 지도자들과 독립운동가들의 글자 간격이 대부분 좁다는 것은 주목할 만하다. 아인슈타인, 벤저민 프랭클린, 링컨, 로버트 리 장군, 프란츠 카프카, 미켈란젤로, 배우 소피아 로렌의 글자 간격도 매우 좁다.

글자 사이의 간격이 넓은 경우는 안정 지향적이다. 마음이 넓은 사람은 글자 간격을 주로 넓게 준다고 평가한다. 매우 정중하고 주위에 대한 배려가 있으며, 균형 감각이 좋은 편이다. 느긋한 경우가 많다. 자신에게 관대하고 새로운 환경에 적응을 잘한다. 조선 중기의 성리학자 기대승, 미국의 가수이자 배우 웨인 뉴턴, 배우 조안 우드워드의 글자 간격은 매우 넓다.

행의 간격이 넓은 글씨
vs. 행의 간격이 좁은 글씨

한 행이 다른 행을 침범하거나 거의 닿아 있으면 행의 간격이 매우 좁은 것이고 항상 한 행 정도의 행 간격을 유지하면 행의 간격이 넓은 것이다.

배려심이 넘치는 사람의 전형적인 특징은 행의 간격이 넓다. 필적학에서는 행의 간격이 넓은 사람들은 조심스럽고 사려 깊으며 절약하는 습성이 있다고 평가한다. 남에게 피해 주는 것을 싫어한다. 조선의 문신 서거정, 최명길, 조헌, 허균, 여류시인 허난설헌, 학자 김시습, 성삼문의 글씨는 행 간격이 넓다. 김구 등 독립운동가들의 글씨도 주로 그렇다.

반대로 행의 간격이 좁은 글씨는 조심스럽지 못하고 사려 깊지 못하다는 것을 알려준다. 판단력이나 자의식이 부족한 사람은 좁은 행 간격을 유지한다. 활력이 있거나 속도가 매우 빠르거나 불규칙한 글씨는 행의 간격이 충분히 유지되지 못한다. 정치인들이 그런 경우가 많다.

때로는 다른 행의 글자를 침범하기도 하는데, 이런 사람들은 타인에 대한 배려가 없거나 더 나아가 남에게 피해 주는 것을 개의치 않는다. 김대두 등 범죄자, 이완용 등 반민족행위자 중에 이런 글씨가 많다. 마리 앙투아네트, 케네디 대통령을 암살한 오즈월드, 미식축구선수 오제이 심슨의 글씨도 행 간격이 좁다.

규칙적인 글씨
vs. 불규칙한 글씨

세상에는 완벽하게 규칙적인 글씨란 없다. 규칙성을 판단하는 기준으로는 앞서 언급한 글씨의 크기, 모양, 기울기, 행의 간격, 필압, 여백 등을 들 수가 있다.

쥘 크레피유 자맹과 크라우스*H. Krauss*가 함께 쓴《필적학과 그 실제 적용●》에 따르면 규칙성은 정확성, 질서, 안정성, 불변성을 의미하고, 불규칙성은 활발, 민첩, 변덕스러움을 의미한다. 전체적으로 규칙성이 유지되면서도 심하지 않은 불규칙성이 있는 글씨가 가장 좋다고 할 수 있다.

규칙적인 글씨는 유학자 출신의 독립운동가, 학자, 공무원, 군인 등에게서 많이 나타난다. 기분에 좌우되지 않고 담담하게 일을 해낼

●원제는 《*Die Graphologie und ihre praktische Anwendung oder die Erforschung des persönlichen Charakters eines Menschen aus dessen Handschrift*》이다.

2부 글씨를 보면 운명이 보인다.

수 있어서 안정 지향적이며 그날의 기분으로 차이가 있거나 하지 않는다. 정확성, 질서, 규율, 의지가 강함, 인내, 책임감, 생각·감정·노력의 일관성과 균형, 믿고 의지할 만함, 자기 훈련, 집중, 감정과 충동의 통제, 손재주가 있고 논리적임, 승부욕·성취욕이 강함, 정의감이 풍부함을 의미한다.

단점으로는 일방적, 생동감 없음, 냉정함, 구습을 바꾸기 어려움, 강요, 경직, 기계적, 의지를 과대평가함, 단조로움, 인위적, 완벽주의, 격식을 차림, 자기 색깔이 없음, 유연성 부족, 대인관계에 냉담함, 범사에 수수방관함, 의기소침, 게으르고 나태함, 사람이나 사물에 관심이 없음, 가정에 무관심한 경우도 있음을 들 수 있다.

불규칙한 글씨는 활력, 자유분방, 즉흥성, 충동적, 열정적, 따뜻함, 적극적으로 일함, 자신감이 강함, 마음이 열림, 기분파, 상상력, 외부적 표현력이 좋음, 예술적 타입, 변화를 좋아하고 모험을 즐김, 사교성이 좋음, 남을 돕는 것을 좋아함, 창조적, 사고가 민첩함, 감정이 풍부함을 의미한다.

단점으로는 의지박약, 일관성 없음, 변덕스러움, 예측하기 어려움, 불안정, 목표가 없음, 성급함, 건망증이 심함, 외부 환경·기분·감정에 종속됨, 균형 감각 부족, 흥분하기 쉬움, 정서 변화가 강렬함, 애매함, 불명확, 자기 통제가 약함, 신뢰하기 어려움, 정신적 충격을 참지 못함, 먼저 공격을 당하면 이성을 잃음, 인내력이 약함, 외부 충격에 약

서양화가 박수근의 서명.
기울기에서 불규칙성이 돋보인다.

함, 스스로 어떻게 해야 하는지 확신하지 못하고 걱정함, 충동·필요·욕
구가 얼굴·목소리 톤·행동에 나타남 등을 들 수 있다.

문자를 균등한 크기로 쓰지 않고 특정 글자를 크게 필기해서 강
약을 조절하여 쓰는 사람은 평범함을 싫어하고 변화를 좋아하는 타
입이다. 평범하고 평화로운 생활에 안주하는 것을 싫어하거나 파란
만장한 인생을 걸어온 사람에게서 자주 보인다.

한편 평범한 것에 만족할 수 없으므로 노력에 따라서는 거물이
될 수도 있으며 역동적인 경영자에게서 자주 보인다. 다만 이런 사
람들은 글씨를 쓸 때 마지막으로 오는 글자를 더 크게 쓰는 것이 좋
다. 작은 글씨로 끝나면 일을 할 때 용두사미가 될 수 있다.

2부 글씨를 보면 운명이 보인다.

자유분방한 글씨는 예술가에게서 많이 찾아볼 수 있다. 화가 백남준, 박수근이 그렇다. 음악의 성인으로 불리는 베토벤도 악필로 유명하다.

속도가 빠른 글씨
vs. 속도가 느린 글씨

글씨를 쓰는 속도는 신체적·정신적 활동의 리듬을 의미한다. 다음의
문항은 필적학자들의 의견과 개인적 경험을 바탕으로 만든 자가진단
표이다. 다음 문항들을 읽고 해당하는 항목이 몇 개인지 체크해보자.

1. 글자의 높이가 9~11mm 정도이다. [ ]

2. 단어나 문장을 쓸 때 글씨의 크기가 뒤로 갈수록 작아진다. [ ]

3. 자획이 부드러운 곡선 형태이고 모서리는 각져 있지 않다. [ ]

4. 각 글자의 마지막 부분이 완전한 모양을 갖추지 못하고 소홀
   하게 처리되어 있다. [ ]

5. 글씨 형태가 비뚤어진 편이다. [ ]

6. 'ㅎ'에서 'ㅡ' 부분이 생략되는 것과 같이 글자의 일부가 생략된
   다. [ ]

2부 글씨를 보면 운명이 보인다.

7. 가로획이 과하게 길다든지 필획이 연장되는 경우가 종종 있다. [ ]

8. 'ㅎ'을 'ㅡ'와 '6'을 합한 것 같은 모양으로 쓰는 등 글자의 머리 부분과 아랫부분이 연결되어 있다. [ ]

9. 주저한 흔적이 없고 필선이 유려하다. [ ]

10. 'ㅁ'의 마지막 부분이 닫히지 않는 등 열린 형태이다. [ ]

11. 자연스럽고 지나치게 정교하지 않다. [ ]

12. 글자 간격과 행의 간격이 좁지 않고 여유가 있다. [ ]

13. 'ㅏ'를 쓸 때 'ㄴ'과 비슷하게 쓰는 식으로 형태가 단순화되는 경향이 있다. [ ]

14. 단어나 문장을 쓸 때 행의 기울기가 오른쪽으로 갈수록 올라간다. [ ]

15. 'ㅣ'를 쓸 때 힘차고 곧게 내려간다. [ ]

16. 글씨가 섬세하지 못하여 읽기 어렵다. [ ]

17. 필압이 극단적으로 강하거나 약하지 않다. [ ]

18. 글씨가 지나치게 규칙적이거나 지나치게 불규칙적이지 않다. [ ]

O라고 체크한 문항이 12개 이상이면 글씨를 쓰는 속도가 빠른 것이다. 울리히 소네만*Ulrich Sonnemann*은 글씨의 속도가 빠른 것은 민첩함, 활발함, 변화의 욕구, 신경질적, 괴팍함, 기백과 열정이 있음, 목

표 의식 있음, 주도적임, 반응 시간이 짧음, 사고의 신속, 지적知的, 추상적, 차분하지 못함, 변덕스러움, 경솔함, 서두름, 피상적, 굳세지 못함, 불안정함, 계획이 없음, 신뢰할 수 없음, 격하기 쉬운 성질을 말해준다고 해석한다. 정치인을 비롯해서 성공한 사람들 중에는 이런 필체가 많다.

반대로 글씨를 쓰는 속도가 느린 것은 한가함, 예지력, 신중함, 용의주도함, 끈기, 구체적인 사고, 활동적이지 않음, 타성, 관성, 게으름, 주저함, 우유부단, 신경질적이지 않음, 사고와 행동이 느림, 상상력이 없음, 재미없음, 아둔함을 나타낸다고 해석한다. 다른 필적학자들의 해석도 이와 크게 다르지 않다.

독립운동가 조병옥의 편지.
매우 빠른 속도로 써내려갔다.

독립운동가 이대위의 선서문.
글씨 속도가 느리다.

한눈에 보는
글씨 분석표

필적 특징에 따른 성향을 한눈에 파악할 수 있는 표이다. 나뿐만 아니라
다른 사람의 성향, 성격 등을 들여다볼 수 있다.

기준	특성	성향
크기	작다	절약 정신, 보수적, 공손함, 치밀함, 내향적, 조심스러움
	크다	용기와 사회성 있음, 낭비적 성향, 외향적, 말이 많고 표현하는 것을 즐김
모양	각지다	규범을 잘 지킴, 정직함, 고집스러움, 원칙을 중시, 융통성 없음
	둥글다	성격이 밝고 원만함, 합리적임, 상상력이 풍부, 아이디어가 많음, 사고가 유연함
필압	강하다	정신력이 강함, 의지가 굳음, 활력이 있음, 자기주장이 강함, 호전적임
	약하다	에너지가 약함, 복종, 유순함, 수줍음
기울기	우상향	낙관적, 열정적, 희망적
	우하향	차가움, 감정 표현을 잘 안 함, 비관적, 비판적
획의 구성	연면형	논리적, 합리적, 사물의 연결이나 사람과의 관계를 이해함
	비연면형	직관적, 감각적, 사물의 연결이나 사람과의 관계에 다소 냉담함
획 사이 공간	넓다	포용력 있음, 상대방의 말을 잘 들어줌, 새로운 지식과 정보를 적극 수용함
	촘촘하다	남의 말을 잘 수용하지 않음, 착실함, 한 가지를 파고듦

글자 간격	좁다	적극적, 행동력 있음, 자의식이 강함, 자기 자신에게 엄격함
	넓다	안정 지향적, 소극적, 조심스러움, 자기 자신에게 관대하고 새로운 환경에 적응을 잘함
행의 간격	넓다	조심스러움, 사려 깊음, 남에게 피해 주는 것을 싫어함
	좁다	활력이 있음, 조심스럽지 못함, 경솔함, 남을 배려하지 않음
규칙성	규칙적	일관성, 안정 지향적, 신뢰할 만함, 유연성 부족
	불규칙적	활력, 자유분방, 즉흥적, 충동적, 기분파, 인내력이 약함
속도	빠르다	민첩함, 활발함, 변화 욕구, 기백이 있음, 열정적, 변덕스러움, 경솔함
	느리다	느긋함, 용의주도, 신중, 끈기, 우유부단

3부

쓰기만 해도 이루어지는
손글씨의 마법

돈을 많이 벌고 싶다면

'口'에서 오른쪽 윗부분은 둥글게 하고 오른쪽 아랫부분은 닫아라.

'口'의 왼쪽 윗부분은 열고 오른쪽 윗부분은 둥글게 쓴다. '口'의 오른쪽 윗부분은 사회에 대한 태도를 나타나는 곳이어서 각지지 않고 둥그스름하게 처리되어 있으면 사회에 대한 인식이 열려 있는 것이다. 이 부분이 각져 있으면 성실하지만 다소 융통성이 부족하고 고지식하다고 할 수 있다.

'口'의 오른쪽 아랫부분은 자신의 마음 상태를 나타내는 곳이다. 이곳을 확실하게 닫는 사람은 빈틈이 없기 때문에 돈을 아무데나 펑펑 쓰지 않고 절약한다.

보통 큰 부자가 되는 사람들은 고집도 있지만 융통성도 있다. 매우 각진 글씨를 쓰는 사람은 강직하여 완고하기만 하고 융통성이 없어서 부자가 되기 어렵다. 또 글씨에 전혀 모가 나지 않고 마무리가 약하면 융통성은 있지만 계획성과 끈기가 부족하여 번 돈을 지키기

'ㅁ'의 오른쪽 윗부분은 둥글게 하고 오른쪽 아랫부분은 닫는 것을 유념해서 본다.

가 어렵다.

삼성그룹 창업주 이병철 회장의 서명은 글씨에 힘이 있고 마무리 부분이 확실하게 정리되어 있다. 그의 서명을 보면 특히 '喆철'의 口(입 구)의 아랫부분이 확실하게 닫혀 있다. 정주영 현대그룹 창업자의 필 체도 이와 유사하다(130쪽 참고).

글자 간격을 좁게 써라.

글자 간격이 좁은 것은 적극적이고 자신에 대한 믿음이 강하다는 뜻인데, 대기업의 창업주나 오너들은 이런 경향이 강하다. 이병철, 정주영, 부동산 재벌이자 미국 대통령인 도널드 트럼프, 자동차 왕 헨리 포드, 석유 재벌 록펠러의 글씨도 같은 특징을 보인다.

모음을 길게 쓰거나
마지막 부분을 꺾어서 써라.

부자가 되려면 일을 정확하게 처리하며 끈기가 있어야 한다. 모음을 길게 쓰거나 글자의 끝부분을 꺾어 쓰면 그런 성향을 가지게 된다. 제시어를 보면 'ㅜ', 'ㅗ'의 가로획이 길고 끝부분이 꺾여 있다. 이는 부자가 아니더라도 성공하는 사람들이 주로 쓰는 글씨체이다.

공부를 잘하고 싶다면

작게 써라.

작은 글씨는 빠른 머리 회전, 집중력, 논리력을 의미한다. 시인 이은 상, 정치가이자 철학자인 토머스 제퍼슨, 아인슈타인 등의 글씨는 작고 균일하다.

과학자, 수학자와 같이 꼼꼼한 일을 하는 사람들은 대부분 매우 작고 반듯하며 글자 간격이 좁은 글씨를 쓴다. 정밀한 사고를 하려 면 세심하고 조심스럽고 사려 깊어야 하기 때문이다. 글씨 크기는 한글 기준으로 높이 8mm 이하여야 한다.

규칙적으로 써라.

크기, 기울기, 방향 등이 일정한 글씨는 논리적이고 충동성이 적 다는 것을 말해준다. 이런 사람들은 머릿속이 정리되어 있어 논리적 이다. 상대성이론을 발표한 아인슈타인의 글씨는 전반적으로 작으

'ㄹ'의 가로선 사이의 간격을 같게 쓴 것을 유념해서 본다.

면서 균형이 잡혀 있고 가로획과 세로획의 크기와 간격이 매우 일정하다. 이는 기분파가 아니라 논리적인 사람이라는 표시이다.

같은 간격을 유지해라.

'ㄹ'을 쓸 때 가로선이 3개가 생긴다. 제시어를 보면 첫 번째와 두 번째 가로선 사이의 간격, 두 번째와 세 번째 가로선 사이의 간격이 같다. 그 간격이 같은 사람은 재주가 있고 논리적이며 균형 감각이 있다. 이를 등간격형等間隔型이라고 부른다. 정약용이 대표적이다.

간격이 다른 사람은 이성보다 감성이 우선하는 기분파가 많다. 시인 서정주가 대표적이다. 시 '학鶴'을 친필로 썼는데 거기에는 'ㄹ'이 9번 나온다. 그런데 가로선의 간격이 서로 차이가 있다. 또 거의 대부분이 중간에 선이 끊겨서 논리적이지 않고 직관적임을 말해준다.

가급적 빠르게 써라.

앞서 언급한 내용을 충실히 이행하면서 글씨를 빠르게 쓰기란 쉽지 않다. 하지만 공부 잘하는 필체에 어느 정도 숙련되면 속도를 올려야 한다. 공부를 잘하려면 빠른 글씨가 필수이다.

연예인으로 성공하고 싶다면

첫 글자의 시작 부분을
크게 써라(특히 이름).

유명인들은 흔히 사인으로 자신의 필체를 선보인다. 성공한 연예인들은 대부분의 경우 첫 글자가 매우 크고 마지막 부분을 죽 내리긋는다. 영화배우 장동건, 정우성, 송강호, 김혜수, 김태희, 무용가 최승희, 방송인 강호동, 가수 보아, 미국의 배우 록 허드슨, 마릴린 먼로, 제인 러셀, 조안 크로포드, 클린트 이스트우드, 가수 엘비스 프레슬리도 마찬가지이다. 피아니스트 조성진, 야구선수 박찬호 등도 이런 특징이 있다.

첫 글자가 큰 것은 자신을 화려하게 연출하고 싶어 하는 이른바 무대 기질, 과시욕의 발로이다. 글자가 크지 않거나 특히 첫 글자가 작은 사람들은 자신을 남의 눈에 띄게 하지 않고, 연출하려는 욕심이 없으며, 성실하고 순수한 사람이어서 스타 기질과 거리가 멀다.

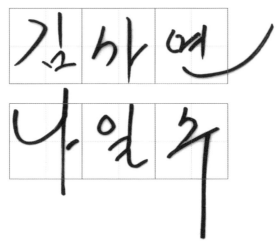

이름을 쓸 때 첫 글자를 크게 쓰고 마지막 획을 늘어뜨려 쓴 것을 유념해서 본다.

마지막 획을 길게 늘어뜨려라.

길게 늘어지는 마지막 획은 일단 시작하면 멈출 수 없는 열정을 나타낸다. 스타가 되려면 강한 긴장과 인내가 필요하다. 서명의 첫 획과 끝 획이 모두 긴 사람들은 화려한 것을 좋아하며 자기도취형인 경우가 많다. 이영애, 김혜수, 김태희, 공유, 유재석, 송강호, 보아 등 연예인 중에 많은데, 디자이너 앙드레 김, 바이올리니스트 정경화, 바둑기사 이창호도 그렇다.

마지막 획을 길게 쓰는 것은 사실 장식이라고 할 수 있다. 무의식적으로 길게 뻗는 것은 '아름답게 보이고 싶다.', '꾸미고 싶다.'는 심

3부 쓰기만 해도 이루어지는

층 심리의 반영이다. 이런 글씨를 쓰는 사람은 음악이나 회화 등에도 조예가 깊다. 화려한 것을 좋아하는 사람은 일상의 행동 하나에도 어딘가 그런 면이 나타난다.

둥글게 써라.

연예인으로 성공하는 사람들은 주로 모나지 않은 둥근 글씨를 쓴다. 둥근 글씨를 쓰는 사람들은 성격이 밝고 원만한 경우가 많다. 또 상상력이 풍부하고 아이디어가 많으며 유머와 센스가 있는 경우가 많다. 특히 'ㅇ'자를 쓸 때 크고 둥글게 쓰는 것이 좋다. 'ㅇ'의 크기는 쓰는 이의 에너지 크기를 의미하는데 스타들은 에너지가 넘쳐야 하기 때문이다. 영화배우 송혜교, 염정아, 가수 아이유가 대표적이다. 앙드레 김은 '앙'의 받침을 매우 크고 둥글게 썼다.

분야에서 최고가 되고 싶다면

첫 글자나 글자의 윗부분을 크게 써라.

글자의 크기는 추진력을 말해준다. 큰 글씨를 쓰는 사람은 대범하다. 특히 첫 글자가 크거나 글자의 윗부분이 큰 것은 평범한 사람으로 만족하지 못하고 남들 위에 서 있다는 심리의 표현이다. 또 힘과 에너지가 많다는 것을 보여준다. 보통 사람들은 나이가 들면서 쓸데없는 데 에너지를 사용하지 않으려 한다. 하지만 가급적 큰 글자를 쓰면서 행동력과 젊음을 유지하는 것이 좋다.

리더들은 외향적이며 표현하는 것을 즐기는데 그 특성이 글씨에도 드러난다. 이승만 초대 대통령, 영화감독 봉준호, 송혜교, 이영애, 아이유, 하지원 등 연예인의 글씨가 그렇다. 이승만 전 대통령의 글씨도 시작하는 자음의 크기가 크다. 글자가 작거나, 특히 첫 글자가 보통 이하의 크기이거나 윗부분이 평범한 크기인 경우에는 심리적 에너지가 작아서 리더의 기질이 약한 편이다. 이런 경우는 특정 분야의 전문가나 참모 역할을 하는 것이 적합하다.

'ㅊ'의 꼭지를 길게 쓰고 'ㅇ', 'ㅁ'을 크게 쓴 것을 유념해서 본다.

'ㅎ', 'ㅊ'의 꼭지를 길게 써라.

'ㅎ'이나 'ㅊ'의 꼭지가 'ㅎ', 'ㅊ' 크기의 1/3 이상이 되면 긴 것으로 본다. 1/4~1/3이면 중간, 1/4 미만이면 작은 것으로 보면 된다. 꼭지를 세로로 쓰든, 가로로 쓰든 마찬가지다. 이들은 남의 위에 서고 싶은 기질이 강하다. 평범해서는 만족하지 못하고 높은 곳을 향한다.

정주영, 축구선수 차범근, 손흥민, 골프선수 최경주, 영화배우 전지현, 송혜교, 하정우, 가수 이효리도 이런 글씨를 쓴다. 이런 사람들은 "내가 최고다!", "난 앞서갈 거야!"라는 자기주장이 강하다. 또 성공 지향적이다. 자신을 어필하는 것이 중요한 정치가나 경영자, 리더 등에게는 필요한 요소이기도 하다. 하지만 이런 사람들이 하급자가 되면 상급자의 지시를 잘 안 들을 가능성이 있다.

'ㅁ', 'ㅇ'을 크게 써라.

폐쇄된 공간의 크기는 정신적 에너지의 크기를 말해서 '에너지 탱크'라고 불린다. 닫힌 공간이 크면 스태미나가 있고 에너지가 크다고 한다. 이 크기가 큰 사람은 탱크의 용량이 크므로 정력적인 사람이 많다. 내면의 파워(지구력)가 있다는 뜻이다. 아이의 글씨는 이 부분이 큰 경우가 많은데 나이가 들면서 점점 작아진다. 어른이 되어서도 닫힌 공간이 큰 사람은 마음이 젊고 산뜻한 사람이다. 김구, 앙드레 김, 아이유, 하정우 등은 'ㅁ', 'ㅇ'을 매우 크게 쓴다.

스포츠 스타가 되고 싶다면

가로획을 길게 써라.

가로획의 길이는 인내력, 일의 완성도를 의미한다. 성공하는 사람들은 대부분 가로획의 길이가 긴 글씨를 쓴다. 그중에서도 축구선수 차범근, 박지성, 손흥민, 펠레, 야구선수 최동원, 선동열, 수영선수 박태환, 탁구선수 유남규, 배드민턴선수 이용대, 농구선수 서장훈, 씨름선수 이만기, 역도선수 장미란, 골프선수 박세리, 타이거 우즈, 스케이트선수 이상화, 발레리나 강수진 등 스포츠 스타들은 유난히 가로획을 길게 쓴다. 박세리의 영문 서명을 보면 'A'의 가로획이 바깥으로 삐져나올 정도로 길다. 스포츠 선수들은 대개 인내력이 뛰어나지만 그중에서도 성공하는 사람들은 더욱 그렇다.

규칙적으로 써라.

스포츠 스타들은 슬럼프에 강하고 늘 좋은 컨디션을 유지해야 한

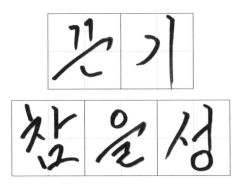

'ㅡ'의 가로선을 길게 쓰고 'ㅊ'의 꼭지를 길게 쓴 것을 유념해서 본다.

다. 규칙성은 정확성, 질서, 안정성, 불변성을 의미한다. 기분에 좌우되지 않고 담담하게 일을 해낼 수 있어서 안정 지향적이며 그날의 기분에 따라 차이가 생겨선 안 된다.

규칙성은 정확성, 질서, 의지가 강함, 인내, 책임감, 생각·감정·노력의 일관성과 균형, 믿고 의지할 만함, 자기 훈련, 집중, 감정과 충동의 통제, 승부욕·성취욕이 강함을 의미하기도 한다. 골프선수 박인비, 타이거 우즈의 글씨는 매우 규칙적이다.

'하', '첫'의 꼭지를 길게 써라.

'ㅎ'이나 'ㅊ'의 꼭지가 'ㅎ', 'ㅊ' 크기의 1/3 이상이 되면 긴 것으로 본다. 1/4~1/3이면 중간, 1/4 미만이면 작은 것으로 보면 된다. 꼭지를 세로로 쓰든, 가로로 쓰든 마찬가지이다. 이들은 남의 위에 서고 싶은 기질이 강하다. 평범해서는 만족하지 못하고 높은 곳을 향하는 기질이 강하다. 차범근, 손흥민, 최경주, 김연아, 서장훈, 이상화의 글씨가 그렇다.

당당하고 대범해지고 싶다면

마지막 부분을 길게 늘어뜨려라.

글자의 마지막 부분을 길게 늘어뜨리는 스타일을 '대호형大弧型'이라고 부른다. 3.1운동을 이끈 손병희, 나폴레옹, 비스마르크, 미켈란젤로, 모차르트 등이 이 필적 특징을 가지고 있었다. 이는 강한 정신적 에너지가 분출된다는 표시이다. 또 강한 끈기를 의미하기도 한다. 크고 당당하게 쓰기 위해서는 본인의 행동에도 기세와 각오와 용기가 필요하다. 즉, 거물이 아니면 못 쓴다.

크고 유연하게 써라.

'ㄱ', 'ㅁ' 등의 오른쪽 어깨 부분을 모나지 않고 둥글게 써야 한다. 이는 규칙에 얽매이지 않고 유연한 발상을 하는 아이디어맨이라는 뜻이다. 사소한 일에 구애받지 않고 유연한 발상이 가능한 성격이다. 또 글자 크기는 추진력을 말해주어서 큰 글씨를 쓰는 사람은 대

'ㄷ', 'ㄴ', 'ㄱ'을 둥글게 쓰고 마지막 부분을 늘어뜨려 쓴 것을 유념해서 본다.

범하다. 김영삼 전 대통령이 대표적으로 여백 없이 종이 전체를 글씨로 가득 메웠다.

빠른 속도로 써라.

역사상 큰 인물이었던 이들은 대체로 글씨가 빠르고 큰 글씨를 쓰는 경향이 있다. 사고가 유연하고 머리가 좋으며 명예욕이 강하고 강력한 추진력이 있는 사람이 큰 인물이 되기 때문일 것이다. 정치인 이범석, 조병옥, 신익희가 대표적이다.

공무원 시험에 합격하고 싶다면

또박또박 각지게 써라.

조직생활에 잘 적응하려면 각이 뚜렷한 글씨가 좋다. 모서리가 각진 글씨는 사회규범을 잘 지키는 사람들이 쓴다. 정직하고 고집이 있으며 원칙을 중시하고 조직 관념이 강하고 품행이 단정하다. 정의감과 책임감이 있다. 규칙적이고 꼼꼼하며 진지하고 고지식하다.

다만 지위가 높이 올라갈수록 각진 글씨에서 부드러운 글씨로 조금씩 바꾸는 것이 좋다. 지위가 올라가면 좀 더 원만해지고 융통성이 있어야 하기 때문이다.

'ㅎ', 'ㅊ'의 꼭지를 짧게 써라.

'ㅎ', 'ㅊ'의 꼭지가 글자 크기의 1/4이 안 되는 짧은 사람은 남의 위에 서지 않아도 좋다고 생각하고 협력하려는 기질이 강하다. 즉, 자기를 드러내려는 의지가 적다. 'ㅎ', 'ㅊ'의 꼭지가 'ㅎ', 'ㅊ' 크

'ㅎ'의 꼭지를 짧게 쓰고 또박또박 규칙적으로 쓴 것을 유념해서 본다.

기의 1/4이 안 되게 써라. 다만, 어느 정도 위치에 오르면 짧게 쓸 필요는 없다.

규칙적으로 써라.

글자 크기, 글자 간격, 행 간격이 매우 규칙적인 글씨는 꾸준하고 성실하게 일을 처리하여 직장에서 신뢰와 인정을 받는 스타일이다. 성공하는 관료나 인정받는 회사원들에게서 이런 특징이 두드러진다.

기초선의 수평을 유지해라.

기초선의 수평을 유지하는 글씨는 절제력, 객관성, 냉정함을 의미한다. 이 타입의 사람은 강한 주장은 없지만 객관적 시각을 가지고 있다. 항상 침착하고 냉정하게 사물을 분석하고 관찰한다. 감정을 잘 드러내지 않고 독립적이며 무심하기도 하다.

일 잘해서 인정받고 싶다면

세로획을 길게 늘어뜨려라.

세로획을 길게 늘어뜨리는 경우는 강한 의지와 끈기가 있고 최선의 결과를 내려고 노력하는 사람이다. 세로획을 길게 쓰는 사람은 최선의 결과를 내기 전까지 포기하지 않는다.

이명박 전 대통령 등 경영인들 중에는 세로획이 긴 사람이 많다. 박정희 전 대통령, 김대중 전 대통령도 그렇다. 조직생활을 하다 보면 세로획이 점점 더 길어지는 경우가 많다. 젊은 시절부터 세로획을 길게 쓴 사람은 장래가 유망할 가능성이 높다.

규칙적으로 써라.

글자 크기, 글자 간격, 행 간격이 매우 규칙적인 글씨는 꾸준하고 성실하게 일을 처리하여 직장에서 신뢰와 인정을 받는 스타일이다. 성공하는 관료나 인정받는 회사원들에게서 이런 특징이 두드러

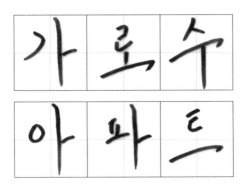

세로획을 길게 쓰고 'ㅗ', 'ㅜ', 'ㅡ'의 마지막을 꺾어 쓴 것을 유념해서 본다.

진다. 나는 검사 생활을 하면서 성공한 직장인이나 관료들의 글씨를 많이 보았는데 대부분이 이런 타입의 필체임을 확인할 수 있었다.

가로획의 마지막을 꺾어서 써라.

가로획을 길게 쓰면 인내력이 길러진다. 특히 마지막 부분을 꺾어서 쓰면 의지가 강해진다. 글자의 끝부분이 정리가 잘 되어 있는 것은 계획성 있고 의지가 강하며 책임감 있는 사람들의 필적 특징이다.

단단하고 단호해지고 싶다면

또박또박 각지게 써라.

모서리에 각이 선명한 글씨를 쓰는 사람은 의지가 굳고 자신에게 엄격하며, 정직하고 고집이 있고 원칙을 중시한다. 조직 관념이 강하고 품행이 단정하다. 모험을 좋아하지 않고 정의감과 책임감이 있다. 규칙적이고 꼼꼼하며 진지하고 고지식하다.

모음의 시작 부분을 삐치게 써라.

글자의 시작 부분을 삐치게 쓰는 것은 강한 의지를 표현한다. 독립운동가들의 필체가 주로 그렇다.

가로획의 마지막을 꺾어서 써라.

가로획의 마지막 부분을 꺾어서 쓰는 것은 계획성 있고 의지가

'ㅏ'를 삐치게 쓰고 'ㅗ'의 마지막을 꺾어서 쓴 것을 유념해서 본다.

강하며 책임감 있는 사람들의 특징이다.

성공적인 인간관계를 쌓고 싶다면

둥글게 써라.

원만한 인간관계를 원한다면 글씨 모양이 모나지 않고 부드러운 것이 좋다. 이런 글씨를 쓰는 사람들은 사교적이고 유머 감각이 있다. 사교적인 사람은 전절환형이 많다. 전절환형은 'ㅁ'이나 'ㄴ' 등의 모서리 부분을 동그랗게 쓰는 것을 말한다. 전절환형은 규칙에 얽매이지 않는 융통성 있는 사람이어서 너무 딱딱하게 생각하지 않고 편하게 행동한다. 링컨이나 케네디 대통령의 글씨가 이런 타입이다.

열린 마음을 가진 사람들은 둥근 모양의 글씨체를 구사하는데, 평화주의자였던 과학자 노벨, 배우 스티브 맥퀸, 극작가 고어 비달의 글씨가 그렇다. 앞에서 말했듯이 테레사 수녀의 글씨는 매우 둥글어서 온화하고 융통성 있으며 밝고 긍정적이었음을 말해준다. 둥글고 큰 글씨와 두꺼운 필획은 유머 감각이 있음을 의미한다. 그녀는 유머 감각이 뛰어났다고 전해진다.

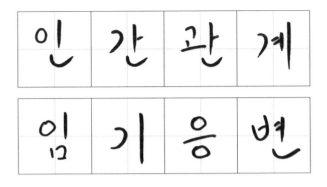

'ㄴ', 'ㄱ', 'ㅁ', 'ㅂ'을 둥글게 쓴 것을 유념해서 본다.

자간과 행간에 여유가 있게 써라.

원만한 인간관계를 갖는 사람들의 글씨는 글자와 단어 사이의 간격이 여유가 있고 행의 간격이 넓다. 이는 매너 좋고 우아하고 세련된 사람의 특징이다. 슈바이처 박사에게서 이런 특징이 많이 발견된다. 한 글자를 구성하는 자음과 모음 사이의 공간이 넓은 유형은 포용력이 있다. 인간관계를 좋아지게 하는 유머와 위트는 여유 있는 마음가짐에서 생긴다.

모음의 시작 부분을 곧게 써라.

글자의 시작 부분을 삐치게 쓰는 사람은 자기 의견을 가진 고집이 센 사람이다. 또 이 타입은 필압이 강하고 정력적인 경우가 많다.

모음 시작 부분을 곧게 쓰는 사람은 사물을 있는 그대로 받아들이는 순순한 성격의 사람이다. 김수환 추기경이 대표적이다.

강한 추진력을 가지고 싶다면

모음의 시작 부분을 삐치게 써라.

모음의 시작 부분을 삐치게 쓰는 사람은 고집이 세다. 또 이 타입은 대부분 필압이 강해 정력적이기도 하다.

모음의 날개 부분을 꺾어서 써라.

모음의 마지막 부분을 날개라고 부르기도 한다. 제시어의 'ㅏ', 'ㅣ', 'ㅜ', 'ㅡ'처럼 모음의 마지막 부분을 꺾어서 쓰는 글씨는 끈질기고 투지가 있고 인내심이 강한 사람에게 많다. 박정희 전 대통령이 대표적이다. 가로획은 마지막 부분이 꺾여서 왼쪽으로 향하고, 세로획은 마지막 부분이 꺾여서 위로 올라간다. 마지막 부분이 꺾이지 않는 경우는 영민하고 행동이 빠르며 경쾌한 사람이 많다.

'ㅏ', 'ㅜ', 'ㅣ', 'ㅡ'의 끝부분을 꺾어서 쓴 것을 유념해서 본다.

강한 필압으로 써라.

강한 필압은 힘, 욕구를 의미한다. 글씨를 쓴 종이 뒷면을 보아 펜으로 눌린 자국이 확연하면 강한 필압으로 쓴 것이다. 이들의 글씨체는 시작과 끝 획이 꺾이며 선은 곧게 뻗어 나간다.

적극적인 사람이 되고 싶다면

여백을 좁히고 바짝 붙여 써라.

종이의 왼쪽 끝 글머리에 바짝 붙여서 글 쓰는 경우 적극적인 사람이라고 할 수 있다. 김구 등 독립운동가처럼 마음먹으면 곧바로 행동에 옮기는 사람들이 이런 글씨를 쓴다. 종이에 여백을 두고 글씨를 쓰는 유형은 마음을 먹어도 행동에 옮기는 데 뜸을 들이는 스타일이다.

자간을 좁게 하라.

글자의 간격이 좁은 것은 적극적인 성향을 말해준다. 글자와 글자 사이의 간격은 사람이 어떤 행동을 할 때까지 걸리는 시간에 비례한다. 글자 사이의 간격이 좁은 사람들은 행동이 빠르고 성미가 급하다.

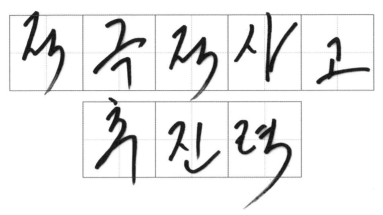

글씨를 크게 쓰고 자간을 좁게 쓰는 것을 유념한다.

크게 써라.

글자의 높이가 1.2cm가 넘는 큰 글씨를 쓰는 것이 좋다. 큰 글씨는 열정, 성취욕이 강함, 확장 지향, 모험을 즐김, 진취적 기상, 흥취가 있음, 적극성, 표현 욕구가 강함, 개방적, 사교적, 활동 지향, 근면 등을 의미한다. 바이올리니스트 정경화, 피아니스트 조성진, 야구선수 박찬호, 골프선수 박세리, 영화배우 송강호, 방송인 신동엽 등이 대표적이다.

인내심을 키우고 싶다면

가로획을 길게 써라.

긴 가로획은 인내력을 의미한다. 가로획을 길게 쓰려면 상당한 집중력이 필요하다. 의사 이국종, 피아니스트 백건우, 방송인 송해, 유재석, 가수 나훈아, 골프선수 신지애, 탁구선수 유남규, 바둑기사 조훈현, 이창호, 이세돌의 글씨가 그렇다. 에디슨은 't'의 가로획을 한 단어 이상으로 길게 쓴다. 이렇게 지나칠 정도로 길게 써도 좋다.

한 행을 꽉 채워 써라.

한 줄을 꽉 채워 쓰고 행을 바꾸는 사람은 인내력이 뛰어나다. 이런 사람들은 성실하고 변심하기 어렵다. 비효율적인 경우에도 방법을 바꾸지 않고 우직하다. 이런 상대방을 배우자로 고르면 가급적 이혼하지 않기 때문에 안정적이다. 몇 글자 안 쓰고 행을 바꾸는 경우에는 눈치가 빠르고 새로운 것을 좋아하는 성향이다.

'ㅜ', 'ㅡ'의 가로획을 길게 쓰고 'ㅓ', 'ㅏ'의 세로획을 길게 쓴 것을 유념해서 본다.

윗부분보다 아랫부분을
크고 분명하게 써라.

홍법형弘法型이라고도 한다. 안정 지향적이고 미래가 현재보다 더 나아지는 형세이다. 바둑기사 이창호의 글씨가 그렇다. 대범하고 대기만성大器晩成형 인물이 많다. 윗부분보다 아랫부분이 좁은 타입은 시작은 거창하나 결과를 제대로 내지 못하는 경우가 많다. 이준 열사의 글씨가 그렇다.

모음의 날개 부분을 꺾어서 써라.

모음의 마지막 부분을 꺾어서 쓰는 글씨는 끈질기고 투지가 있고 인내심이 강한 사람이 많다. 가로획은 마지막 부분이 꺾여서 왼쪽으로 향하고, 세로획은 마지막 부분이 꺾여서 위로 올라간다. 세로획을 길게 늘어뜨려도 좋다. 이는 강한 의지와 끈기가 있고 최선의 결과를 내려고 노력하는 사람이다. 세로획을 길게 쓰는 사람은 최선의 결과를 내기 전까지 포기하지 않는다.

창의력을 기르고 싶다면

연면형으로 부드럽게 써라.

흐르는 듯한 곡선으로 부드럽게 쓰는 글씨는 미적 감각이나 균형 감각을 나타낸다. 연면형의 글씨를 쓰는 사람은 아름다운 것에 대한 동경이 강하다. 규칙에 얽매이지 않는 자유로운 마음은 유머나 아이디어, 독창적·개성적인 작품을 창출하는 정신 활동의 베이스이다. 예술가들은 전절각형이 아니라 전절환형 타입이 많다. 전절환형은 창조적인 기획, 영업 등이 적합하다. 일할 때도 업무 개선과 효율 제고 등을 생각해 능력을 발휘한다. 미술가 김환기, 장욱진, 천경자가 대표적이다.

어느 정도 불규칙하게 써라.

불규칙한 글씨는 상상력, 예술적 감수성, 변화 등을 의미한다. 글자의 크기, 기울기, 글자의 간격, 행의 간격, 기초선 등 여러 방면에

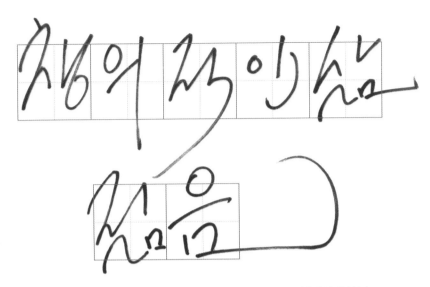

'ㅊ','ㅈ'을 왼쪽으로 삐치게 쓰고 '젊'의 받침 'ㄹ'을 'ㅁ'보다 더 크게 쓴 것을 유념해서 본다.

서 지나치게 불규칙한 글씨가 아니라면 어느 정도는 불규칙한 것이 좋다. 그런데 '어느 정도'의 기준이 무엇일까? 불규칙하지만 전체적으로 보면 통일성이 있는 것을 의미한다. 화가 박수근, 백남준, 디자이너 앙드레 김, 방송인 강호동, 이낙연 국무총리, 의사 이국종의 글씨를 참고하라(71, 149쪽 참고).

지적으로 매우 뛰어난 사람들의 글씨는 시작 부분에 획이 왼쪽으로 삐쳐 나와 있는 경우가 많다. 이런 글씨체는 최남선, 유진오, 퀴리 부인 등에게서도 볼 수 있다. 천재 시인 김소월도 머리가 좋은 사람의 전형적인 글씨체를 보이고 있다. 그는 작고 균형 잡힌 글씨를 썼는데 'ㄸ'을 쓸 때 왼쪽의 'ㄷ'을 더 크게 쓰고, '젊'을 쓸 때 받침 'ㄹ'을 'ㅁ'보다 더 크게 쓰는 특징이 있다.

개성 있게 써라.

개성 넘치는 글씨체는 간혹 읽기 어렵다. 규칙에 얽매이지 않는 자유로운 마음과 강한 정신이 결합되어 이런 글씨를 쓴다. 예술가 유형뿐만 아니라 훌륭한 사업을 이룬 창업주나 오너, 유능한 리더에게서 많이 보인다. 미술가 박수근, 이중섭, 이응노, 이왈종, 앤디 워홀, 앙드레 김이 대표적이다.

타인에게 신뢰를 얻고 싶다면

중심선을 정확하게 지켜라.

중심선이란 글자의 중간 지점을 관통하는 가로선을 말한다. 중심선을 지키려면 글자 크기가 어느 정도 일정하고 기초선도 일정해야 한다.

규칙적으로 써라.

글씨의 규칙성은 정확성, 질서, 규율, 의지가 강함, 인내, 책임감, 생각·감정의 일관성과 균형, 믿고 의지할 만함, 자기 훈련, 집중, 감정과 충동의 통제, 논리적, 안정 지향적, 성취욕이 강함, 정의감이 풍부함 등을 의미한다. 하지만 기계처럼 지나치게 규칙적일 필요는 없다.

중심선을 정확하게 지켜 규칙적으로 쓴 것을 유념해서 본다.

천천히 정확하게 써라.

속도가 너무 빨라서 글씨가 무너지고 알아보기 어려운 글씨를 쓰는 사람은 주위 사람들로부터 신뢰받기 어렵다. 다소 느리더라도 정확하게 쓰는 것이 좋다.

침착하고 신중해지고 싶다면

자간을 넓게 하라.

글자 사이의 간격이 넓은 경우는 안정 지향적이다. 매우 정중하고 주위에 대한 배려가 있으며, 균형 감각이 좋고 지적인 편이다. 느긋하고 느린 경우가 많다.

모나게 써라.

모서리에 각이 선명한 글씨는 사회규범을 잘 지키는 사람들이 쓴다. 의지가 굳고 자기 자신에게 엄격하며 다른 사람에게 비판적이고 때로 유머가 부족한 성격의 소유자이다. 정직하고 고집이 있으며 원칙을 중시한다. 조직 관념이 강하고 품행이 단정하다. 모험을 좋아하지 않고 정의감과 책임감이 있다. 규칙적이고 꼼꼼하며 진지하고 고지식하다.

자간을 넓게 하고 각지고 모나게 쓰는 것을 유념한다.

느리게 써라.

침착하지 못한 사람들은 보통 글씨를 매우 빨리 쓴다. 그 속도를
줄이고 글씨를 반듯반듯하게 쓰는 것이 좋다.

긍정적이고 에너지 넘치는
사람이 되고 싶다면

자간을 넓게 써라.

독일의 필적학자 한스 크노블로흐*Hans Knobloch* 박사는 《필적학 *Graphologie*: 사례 소개*Exemplarische Einführung*》에서 활력 있는 글씨는 강렬함, 힘참, 공격적, 직선적, 충동적, 날카로움, 충전됨, 분주함, 열정, 완전히 균형 잡히지 않음, 앞을 내다보기 어려움을 의미한다고 해석한다. 활력 있는 삶을 살고 싶다면 우선 글자 사이의 간격을 넓게 하라.

우상향하게 써라.

글자의 기울기가 우상향하는 글씨는 긍정적 사고를 의미한다. 긍정적인 사고를 하는 사람은 힘든 일을 할 때 느끼는 고통의 강도가 훨씬 작다. 그래서 힘이 덜 들고 에너지 소모도 적다.

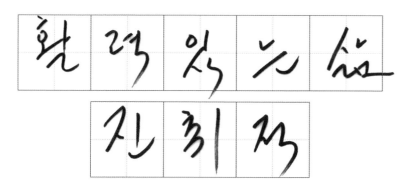

글씨를 느슨하고 우상향하게 쓴 것을 유념해서 본다.

느슨하게 써라.

느슨하게 쓴다는 것은 강하고 힘찬 필획이 아니라 여유가 있는 것을 의미한다. 따라서 긴장을 풀고 여유 있게 쓰는 연습을 한다.

성공한 사람들의 글씨는
공통점이 있다

성공한 삶에 대해서는 사람마다 기준이 다를 것이다. 하지만 누구나 공감할 만한 성공한 사람들의 글씨에는 공통적인 특징이 있다. 필적학으로 분석하면 그들의 글씨체는 긍정적 사고, 열정, 끈기, 자신감, 기세, 강인함 등의 특징을 공통적으로 가지고 있다.

· 필선이 단단하고 곧게 뻗어 있다.

단단하고 곧게 뻗은 필선은 삶에 대해 긍정적인 것을 의미한다. 필선이 깔끔하고 깨끗한 사람은 에너지가 강해 성공할 가능성이 높다. 반대의 경우 성공하기도 어렵지만 일시적으로 성공했더라도 말로가 좋지 않다. 인생은 단거리 달리기가 아니라 마라톤이기 때문이다. 반민족행위자들이 대표적이다.

· 오른쪽으로 갈수록 올라간다.

성공하는 사람들은 대부분 세상에 대해 긍정적이고 낙천적이기 때문에 우상향하는 글씨를 쓴다. 여운형, 김영삼과 같은 정치인이나 운동선수, 스타, 경영인 중 성공하는 사람들의 글씨가 대부분 그렇다.

오른쪽 위로 향하는 글씨는 행운을 가져오지만 오른쪽 아래로 기우는 글씨는 불행을 가져오는 암시이다. 행운을 불러오고 싶다면 오른쪽 위로 향하게 쓰는 게 좋다. 기초선의 오른쪽 끝이 왼쪽 끝보다 낮지는 않아야 한다. 박인비, 마이클 잭슨, 타이거 우즈, 앤디 워홀처럼 지나치다 싶을 정도로 매우 가파르게 올라가도 좋다.

• 가로획을 길게 쓴다.

긴 가로획은 인내력을 의미한다. 분야를 막론하고 성공한 사람들은 대부분 가로획이 긴 글씨를 쓴다. 김구, 김대중 전 대통령, 문재인 대통령, 의사 이국종, 피아니스트 백건우, 방송인 송해, 유재석, 영화배우 하정우, 피디 나영석, 가수 나훈아, 인순이, 골프선수 신지애, 탁구선수 유남규, 바둑기사 조훈현, 이창호, 이세돌, 에디슨, 링컨, 타이거 우즈가 그렇다.

4부

인품을 쌓고 싶으면
인격자의 필체를 써라

부자의 글씨,
정주영

부자가 되고 싶다면 정주영 현대그룹 창업자의 글씨를 따라 쓰기를 추천한다. 우선 'ㅁ'의 오른쪽 윗부분은 둥글게 쓰고 아랫부분을 굳게 닫는 것은 부자들의 전형적인 특징이다. 모나지 않은 오른쪽 윗부분은 틀에 박히지 않고 융통성이 있어서 혁신적인 사고가 가능하다는 표시이다. 소학교 졸업이 전부인 그는 고정관념을 깨는 창조적 상상력으로 가득했다.

'ㅁ'의 굳게 닫힌 아랫부분은 절약, 완성, 빈틈없음을 의미한다. 그가 입고 다니는 옷은 춘추복 한 벌이었고, 구두가 닳는 것을 막으려고 굽에 징을 박았다고 한다. 국내외 창업주나 오너들은 글씨들을 분석해보면 과시욕이 없고 빈틈없는 성격에 매사에 절약한다는 공통점이 있다.

정주영의 글씨.
'마음을', '당신을', '총명하게', '만들'에서 특징이 잘 드러나므로 이 부분을 따라 쓰면 좋다.

정주영의 글씨는 모음의 세로획이 유난히 긴데 이는 일을 잘하고 인내심이 강하다는 것을 의미한다. 모음의 가로획 끝부분의 꺾임은 강한 인내력을 뜻하며 이런 글씨를 쓰는 사람은 드물다. 그는 아무리 몸이 힘들어도 적당히 넘어가는 일이 없었다. '쓰러져도 현장에서 쓰러지겠다.'는 각오로 주요 현장을 직접 챙겼다고 한다. 그는 임직원들에게 "성공하려면 목숨을 걸 정도의 정열을 쏟아야 한다."고 강조했다.

'ㄷ'은 오른쪽으로 가면서 가파르게 올라가서 매우 긍정적인 사고를 했다는 것을 알 수 있다. 500원짜리 지폐로 조선소 건설 자금을 빌린 유명한 일화에서도 드러나듯이 정주영은 "모든 일은 가능하다고 생각하는 사람만이 해낼 수 있다,"는 확신을 갖고 있었다. 'ㅎ' 과 'ㅊ'의 꼭지 부분이 두드러지게 큰 것은 최고가 되려는 의지가 강함을 뜻한다.

정주영의 글씨를 보면 무조건 밀어붙이는 사람이 아니라 이성적이고 논리적이다. 글씨의 속도가 그리 빠르지 않고 적절하게 일관성을 가지고 있다. 그는 "덮어놓고 덤벼들라는 게 아니다. 무슨 일이든 더 효율적인 방안을 찾으면서 밀어붙이라."고 말하곤 했다. 그는 부자이기도 하지만 존경받는 인물이기도 하다.

인품이 훌륭한 글씨,
김구

근대 인물 중 가장 존경받는 백범 김구, 그 이유는 헌신적인 독립운동, 지조, 이런 것 때문만은 아니다. 백범은 순수함, 선함, 인자함, 뚝심, 배려심을 가진 매력적인 인물이었다. 한국인이 좋아하는 품성을 고루 갖추었다.

김구의 글씨를 보면 414년에 세워진 '광개토대왕릉비'가 떠오른다. 종이를 꽉 채운 글자가 힘이 넘치고 웅장한 느낌을 준다. 필선이 야위거나 메마르지 않고 통통하고 부드러워서 인자하고 후덕한 인품임을 알 수 있다.

'忠(충성 충)'의 '口(입 구)' 부분이 큰 것은 에너지와 힘이 충만하다는 것을 알려준다. 또 규칙에 얽매이지 않고 자유분방한 특징이 발견되고 글자가 시작되는 선이 곧다. 이는 자유롭고 꾸밈이 없으며 순진무구하다는 것을 의미한다. 필선이 군더더기가 없이 깨끗해서 약간 어

김구의 '경충묘'.
필선이 야위거나 메마르지 않고 통통하고 부드러워서
인자하고 후덕한 인품임을 알 수 있다.

눌한 듯하지만 소박하고 순수하며 은은한 맛을 느낄 수 있다. 언뜻 보면 서툴러 보이는데 연습이 잘 안 되어서가 아니라 순진무구한 마음이 그대로 드러나서이다.

글자의 모양이 정사각형에 가깝다. 보수적이고 소심하며 곧고 바른 사람이라는 것을 알 수 있다. 작고 촘촘한 글씨 형태를 가진 사람은 자신을 잘 드러내지 않는다. 가까운 사람 이외에는 잘 어울리지 못하고 내성적이며 보수적인 사람들에게 많다. 글자 사이의 간격은 좁고 행 간격은 넓어서 적극적이고 생각이 깊으며 남에게 피해를 주지 않는 신중한 성격이었을 것이다. 또 글자 크기, 자간, 행간이 규칙적인 걸로 보아 신뢰할 만한 사람임을 짐작할 수 있다.

글자를 쓸 때 여백을 두지 않고 종이에 바짝 붙여 쓰는 것은 마음 먹으면 곧바로 행동에 옮기는 성향을 나타낸다. 그는 독립운동을 하다가 총에 맞은 후유증으로 수전증이 있어서 글씨에 떨림이 있다. 선생 스스로 이름붙인 '총알체' 앞에서 경건해질 수밖에 없는 이유이다.

GS칼텍스에서 독립운동가의 서체를 만들어 무료로 배포한다. GS칼텍스 공식블로그(gscaltexmediahub.com)에서 '독립서체'를 검색하면 김구의 서체를 무료로 다운로드받을 수 있다. 다음은 그의 글씨체로 작성된 것이다. 모음 가로획의 끝부분이 왼쪽으로 꺾어지는데 이는 의지가 굳다는 의미이다. 이 폰트를 활용해 선생의 필체와 유사하게 따라 쓸 수 있다.

지옥을 만드는 방법은 간단하다. 가까이 있는 사람을 미워하면 된다. 천국을 만드는 방법도 간단하다. 가까이 있는 사람을 사랑하면 된다.

Tip : '지옥', '간단', '사람을', '천국을', '방법도'에서 특징이 잘 드러나므로 이 부분을 따라 쓰면 좋다.

강인하고 기품 있는 글씨, 안중근

글씨의 가치를 제대로 평가받지 못하는 우리나라에도 한 점에 5억 원이 넘는 글씨가 있다. 안중근의 행서 족자인 '황금백만냥 불여일교 자(黃金白萬兩 不如一敎子, 황금 백만 냥도 자식 하나 가르침만 못하다)'는 2016년 9월 경매에서 7억 3,000만 원에 팔렸다. 다른 행서 족자 '승피백운 지우제향의(乘彼白雲至于帝鄉矣, 저 흰 구름 타고 하늘나라에 이르리)'는 2018년 12월 경매에서 7억 5,000만 원에 낙찰되었다.

안중근의 글씨는 왜 이렇게 비쌀까? 일반적으로 그의 인품 때문이라고 이야기하지만 글씨만 보더라도 매우 높은 경지에 이르렀고 확실한 차별성이 있다. 특히 트레이드 마크인 단지된 손도장이 압권이다. 사형 집행을 눈앞에 두고 '대한국인大韓國人 안중근'이라고 썼으니 그 감동은 더 말할 필요가 없다. 시장의 평가는 전문가보다 오히려 더 정확하고 냉정하다.

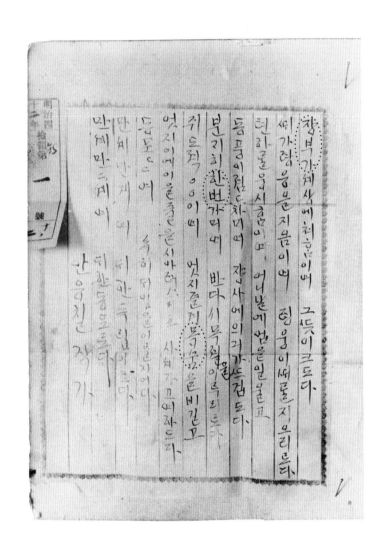

안중근의 '장부가'.
'장부가', '한번', '목숨'을 유념해서 본다.

4부 인품을 쌓고 싶으면

글씨에서 송곳 같은 예리함, 강한 기세, 서릿발 같은 기상, 범접하기 어려운 경지가 느껴진다. 필획이 두텁고 법도가 엄정하며 단아하고 침착하고 강인하고 용기백배하다. 글씨가 내뿜는 강인한 힘과 무게, 기품에 눌려 글씨 앞에 서 있기가 부담스러울 정도이다.

항일운동가 필체의 가장 큰 특징은 '각'인데 이는 강한 의지의 표출이다. 'ㄷ', 'ㅈ'을 보면 매우 모가 나서 굳고 바른 사람임을 알 수 있다. 강한 필압은 에너지가 매우 강하다는 것을 알려준다. 글자나 행의 간격으로 보아 자기 확신이 강하고 타인에 대한 배려심도 있다. 다른 시절에 태어났더라도 반드시 큰일을 했을 인물이다.

안중근의 글씨를 따라 쓰려면 장부가를 그대로 따라 쓰는 것이 좋다. 또는 GS칼텍스 공식블로그에서 선생의 서체를 다운로드받아 글씨를 따라 써도 좋다.

가난하되 아첨하지 않고 부유하되 교만하지 않는다.

Tip : '가난', '아첨', '않고'에서 그의 특징이 잘 드러나므로 이 부분을 따라 쓰면 좋다.

감성이 풍부하고 창의적인 글씨,
윤동주

글씨로 본 윤동주는 독립운동가보다는 시인에 조금 더 가깝다. 필선이 부드럽고 기초선이나 기울기 등에서 변화가 계속 일어나서 감성이 풍부하고 창의적이었다는 사실을 알 수 있다. 시인에게서 이런 필체가 자주 보인다.

하지만 '하늘과 바람과 별과 詩'를 쓴 친필을 보면 'ㅁ', 'ㄴ' 등에서 각이 뚜렷한 경우가 발견되는 등 전체적으로 반듯한 글씨이다. 게다가 필선이 깨끗하고 모음의 시작 부분에 꺾임이 없어서 순수하고 바른 사람이라는 것을 알 수 있다. 이런 순수함과 정직함이 그를 항일운동에 나서게 했을 것이다. 'ㅎ', 'ㅊ'을 보면 꼭지가 길어서 최고가 되려는 의지가 강했음을 알 수 있다.

윤동주 선생의 글씨를 모델로 삼는다면 이 친필 원고를 그대로

4부 인품을 쌓고 싶으면

윤동주의 '하늘과 바람과 별과 시'.
필선이 깨끗하고 모음의 시작 부분에 꺾임이 없어서
순수하고 바른 사람이라는 것을 알 수 있다.

인격자의 필체를 써라

따라 써라. 다음은 GS칼텍스 공식블로그에서 선생의 서체를 다운로 드받아 작성한 것으로, 이 폰트를 활용해 글씨를 따라 써도 좋다. 크기 12포인트가 윤동주의 친필과 비슷하다.

우물 속에는 달이 밝고 구름이 흐르고 하늘이 펼치고 파아란 바람이 불고 가을이 있습니다.

Tip : '우물', '속에는', '밝고', '하늘이', '파아란', '바람이', '불고', '가을이'에서 특징이 잘 드러나므로 이 부분을 따라 쓰면 좋다.

단정하고 흐트러짐 없는 글씨,
박정희

박정희 전 대통령은 대구사범학교 시절 김용하 선생에게서 글씨를 배웠고, 대통령이 된 후에는 손재형 선생에게서 사사하였다고 하는데 손재형의 필체와는 판이하다. 손재형의 글씨는 부드럽고 꾸미는 성향이 강한 데 반해 박정희는 강하고 군더더기 없으며 담박하고 단정하고 흐트러짐이 없다. 군인 출신으로 혁명을 일으킨 인물답게 필압이 매우 강하다.

모음의 세로획이 매우 길어서 일을 잘하는 사람이었음을 알 수 있다. 서예 작품을 쓸 때는 잘 드러나지 않지만 평소의 글씨체를 보면 속도가 꽤 빠른 편이어서 머리가 명석하고 판단도 빨랐을 것이다. 글씨를 시작할 때 여백 없이 종이에 바짝 붙여 쓴 것이나 글자 사이의 간격이 좁은 것은 그가 추진력이 있고 성격이 급했음을 보여준다.

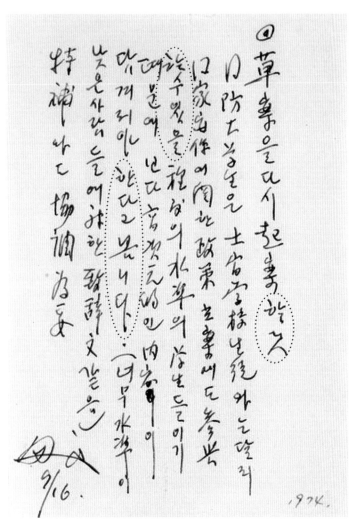

박정희의 글씨.
'할 것', '할 수 있을', '한다고 봅니다'에서 특징이 잘 드러나므로
이 부분을 따라 쓰면 좋다.

존경받는 학자의 글씨,
김준엽

격동의 대한민국 현대사에서 김준엽 고려대 전 총장만큼 존경받는 인물도 드물다. 그는 제국주의와 군부독재라는 두 시련에 정면으로 맞섰다. 일제의 학도병으로 끌려갔다가 탈출하여 6,000리를 걸어서 충칭에 있는 대한민국 임시정부에 갔고 광복군으로 활약했다. 그와 함께한 이는 평생의 동지, 독립운동가 장준하였다.

김준엽 선생의 편지를 보면 '를', '곳'의 가로획이 유난히 긴 것으로 보아 주로 운동선수들에게서 볼 수 있는 정도의 인내심을 알 수 있다. 'g'와 'y'의 둥근 부분이 길고 큰 것은 지칠 줄 모르는 에너지가 있었음을 말해준다.

한 획으로 하나의 글자를 완성하는 전형적인 '연면형'의 글씨로서 사물이나 현상을 전체적으로 파악하는 능력을 갖췄다. 그는 해방 후에는 학자의 길을 걸으면서 불의와 타협하지 않았고 국무총리, 장

UNIVERSITY OF HAWAII

Social Science Research Institute

1914 University Avenue ″101 · Honolulu, Hawaii 96822 / Cable Address: UNIHAW

김준엽의 편지.
'튼튼히', '이곳을', '가시는', '이곳에', '주십시오'에서
특징이 잘 드러나므로 이 부분을 따라 쓰면 좋다.

4부 인품을 쌓고 싶으면

관, 당 사무총장 등 공직 제의를 뿌리치고 양심을 지켰다. 고려대 총장에 취임해서 학원 내에 상주하던 기관원을 축출하고 해직 교수 전원을 복직시켰다. 학도호국단을 해체하고 직선제 총학생회 부활도 관철시켰다.

총칼로 정권을 장악하고 많은 사람을 괴롭힌 전두환에게 머리가 100개 있어도 숙일 수 없다고 버텼다. 전두환 정권의 압박으로 강제 사퇴하게 되자 학생들은 한 달 남짓이나 '총장 사퇴 결사반대' 시위를 벌였다. 이러한 그의 행적에는 강직한 성격과 함께 낙천적 성향, 판단력, 유능함이 작용했을 것이다.

모서리에 각이 뚜렷한 것은 강직함을 말해주고 '가', '아'의 아랫부분에 꺾임이 있는 것, 'a'의 끝부분이 매우 긴 것도 생각이 확고함을 나타낸다. 'f'의 윗부분이 좁은 것은 감정을 스스로 억제할 수 있다는 것을 의미한다. 'g'의 마지막 부분이 길게 이어지는 것이나 전체적으로 오른쪽으로 갈수록 가파르게 올라가는 것은 낙천적인 성향을 보여준다.

필획의 마무리가 확실하고 'R'의 윗부분이 납작한 것은 마음이 넓고 일을 잘하는 사람이라는 것을 알려준다. 'f'가 위아래로 매우 긴 것은 현실적이라는 것을 의미한다. 선생은 "현실에 살지 말고 역사에 살라. 역사의 신을 믿어라. 정의와 선, 진리는 반드시 승리한다."는 말을 남겼다. 그리고 자신의 삶을 통해 그 말을 실천했다.

에너지가 강한 유명인의 글씨,
장동건

글씨가 크다. 특히 서명의 첫 글자인 'ㅈ'을 매우 크게 쓰는데, 이는 자신을 화려하게 연출하고 싶어 하는 무대 기질의 발로이다. 연예인들은 대중 앞에 서기를 좋아하고 유명해지고 싶어 하는 사람들이어서 대부분 이런 글씨를 쓴다. 정치인들 중에도 이런 글씨를 쓰는 사람이 많은데 특이하게도 큰 기업을 일으킨 창업주들에게서는 이런 글씨를 찾기 어렵다. 그들은 과시욕이 많지 않고 실리적이다.

장동건의 글씨는 오른쪽으로 갈수록 기울기가 가파르게 올라가는데 이는 세상에 대해 긍정적임을 의미한다. 속도도 빠르고 모나지 않은 둥근 글씨를 쓰고 있다. 'ㅎ'의 꼭지가 커서 최고가 되려는 의지가 강하다는 사실을 알 수 있고, 'ㅇ'을 크게 써서 내면의 에너지가 크다는 사실을 알려준다. 장동건의 글씨는 스타들의 전형적인 글씨체라고 할 수 있다.

장동건의 서명.
'늘', '건강', '행복', '동건'에서 특징이 잘 드러나므로
이 부분을 따라 쓰면 좋다.

송혜교, 이영애, 아이유, 하지원 등 스타로 성공한 연예인들은 대부분 이런 특징을 드러낸다. 무용가 최승희의 글씨도 이와 비슷하다. 미국의 배우 록 허드슨, 마릴린 먼로, 제인 러셀, 조안 크로포드, 클린트 이스트우드, 가수 엘비스 프레슬리도 마찬가지이다.

분석력과 상상력을 겸비한
예술가의 글씨, 백남준

대한민국이 낳은 세계적인 미술가 백남준은 현대 예술과 비디오를 접목시키는 데 결정적인 역할을 했다. 서명이 적힌 도판을 보면 Yellow PERIL!/ c'est moi/ N.j.PAIK(가로) 白南準(세로)/ fluxus.ggg라고 쓰여 있다.

그의 글씨는 'N', 'w' 등에서 보듯이 모서리의 각이 두드러져서 분석적이고 이성적인 사고를 했음을 알 수 있다. 경기중, 경기고를 나왔고 일본 동경대, 독일 뮌헨대, 프라이부르크 음악학교, 쾰른대학에서 미술사, 미학, 음악학, 작곡, 현대음악을 공부한 수재답다.

그의 필획은 꾸밈이 없고 삐뚤빼뚤하여 어린아이 같은 천진난만함과 상상력이 있었음을 알 수 있다. 플럭서스, 비디오아트, 레이저아트까지 끊임없이 새로운 예술을 찾아 변혁을 꿈꿔온 예술 탐험은 그의 탁월한 분석력과 어린아이 같은 상상력이 기초가 된 것으로 보인다.

백남준의 서명.
'P', 'E', 'R', '南'에서 특징이 잘 드러나므로 이 부분을 따라 쓰면 좋다.

　"PERIL"의 'R'의 윗부분에서 선이 서로 닿지 않고 열려 있는 것으로 보아 말이 많은 편이었을 것이다. "c'est"의 'e'가 둥근 형태를 보이는 것과 "fluxus"의 'u'가 매듭이 있는 형태인 것으로 보아 사교적이다. 그는 존 케이지, 요제프 보이스 등 다양한 분야에 종사하는 동료들과 함께 작업을 했다.

　서명 중간에 있는 "c'est moi(짐은 국가다)."는 루이14세의 말이다. 여기서 'm'의 3개의 봉우리 중 두 번째 봉우리가 첫 번째 봉우리보다 작아지는 것을 보면 그는 비밀주의자였을 것이다. 또 그의 글씨는 첫 글자가 위아래로 길고 커서 자존심이 강하고 과시욕이 많다는 것을 알 수 있다.

1959년 뒤셀도르프의 갤러리22에서 데뷔작인 '존 케이지에 대한 오마주'를 초연하며, 공연 중에 바이올린을 내리쳐 부쉈다. 이듬해에는 '피아노포르테를 위한 습작'을 발표하면서 피아노 2대를 파괴하고 관람객의 넥타이와 셔츠를 잘라냈다. 이런 충격적인 퍼포먼스들은 아마도 철저하게 계산하고 비밀스럽게 준비한 행동이었을 것이다. 그의 글씨에서 충동성은 찾기 어렵다.

1984년 뉴욕과 파리, 베를린, 서울을 연결하는 최초의 위성중계 작품 '굿모닝 미스터 오웰*Good Morning, Mr. Orwell*'을 발표하는 등 전 세계를 무대로 활동했던 그의 유해는 한국, 미국, 독일에 나눠서 안치되었다.

지조와 결기가 있는 글씨,
한용운

만해 한용운의 친필이 경매에 나오면 경합이 치열하고 가격도 높다. 귀하기도 하지만 그를 존경하는 사람이 많기 때문일 것이다. 한용운은 '님의 침묵' 등 300여 편의 시를 남긴 시인이자 '조선불교유신론'을 간행하여 불교계의 혁신을 주장한 깨어 있는 승려였다.

3.1운동에 주도적으로 참여하였으며, 불교계에 독립선언서를 배포하는 일도 맡았다. 시인과 독립운동가, 혁신과 자비라는 서로 어울리기 어려운 것들을 절묘하게 조화시켰다. 평생 지조를 굽히지 않으면서도 시인의 감성을 가진 선생을 어찌 존경하지 않을 수 있을까?

그의 필획은 전체적으로 부드럽고 둥글다. 'ㄱ', 'ㄴ', 'ㄹ' 등에서 부드러운 선이 두드러진다. 천성이 착하고 감성적이며 부드러운 소통 능력을 가지고 평화를 사랑하는 사람이 둥근 글씨를 쓴다. 대표적으로 테레사 수녀를 꼽을 수 있다. 영국의 다이애나 왕비도 매우 둥근 글씨를 썼다. '마음대로'의 'ㄷ'의 중간 부분이 끊어져 있는 것을 보면 직관적인 면도 있었음을 알 수 있다.

하지만 강한 모서리도 가끔씩 나타나고 글자들이 일관성을 가지고 있다. 이성적이고 곧고 반듯했을 것이다. 친일로 변절한 인사들을 위해 장례식을 하자고 할 정도로 결기가 있었다. 가로획과 세로획이 매우 긴 것은 의지가 굳고 참을성이 있었음을 알 수 있다. 조선총독부 반대 방향인 북향으로 집을 짓고 살았다는 이야기는 유명하다. 'ㄴ', 'ㄹ', 'ㅗ'의 마지막 획이 길게 늘어지는 것은 큰 힘과 활력을 말해준다. 이성과 감성, 반듯함과 너그러움, 논리와 직관 등 조화되기 어려운 특성들이 조화를 이룬 큰 인물이었다.

GS칼텍스 공식블로그에서 선생의 서체를 다운받을 수 있다. 다음은 그의 서체로 작성된 것이다. 이 폰트를 활용해 글씨 연습을 해도 좋다.

님은 갔습니다. 사랑하는 나의 님은 갔습니다. 푸른 산빛을 깨치고 단풍나무 숲을 향하여 난 작은 길을 걸어서 차마 떨치고 갔습니다.

Tip : '갔습니다', '사랑하는', '푸른', '길을', '차마'에서 특징이 잘 드러나므로 이 부분을 따라 쓰면 좋다.

4부 인품을 쌓고 싶으면

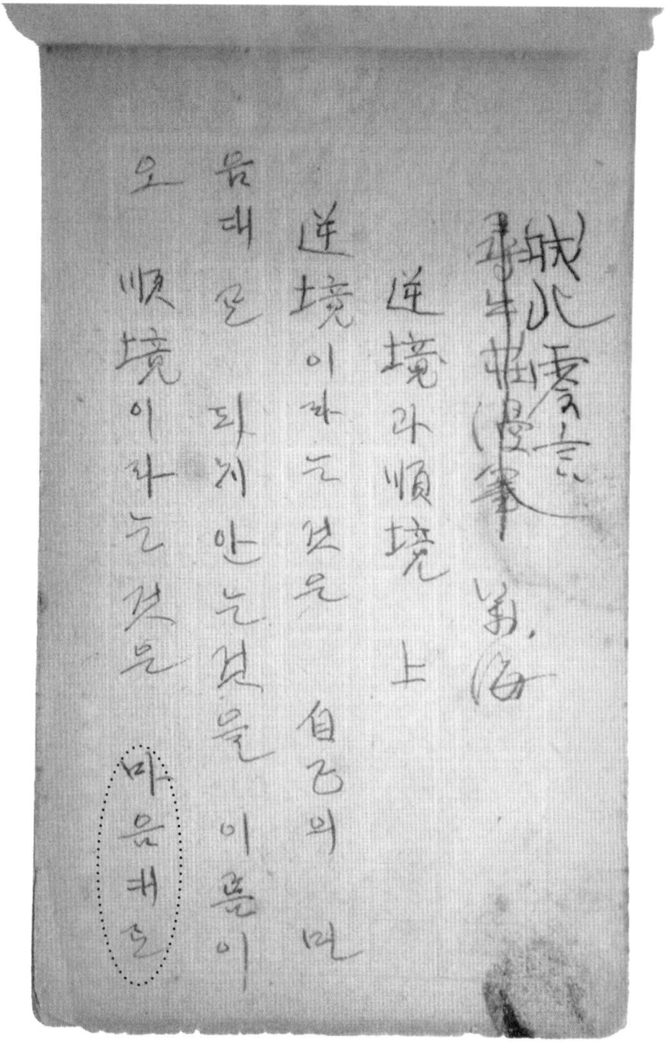
城北零言
尋牛莊漫筆 卍海
逆境과 順境 上
逆境이라는 것은 自己의 마
음대로 되지 안는 것을 이름이
오 順境이라는 것은 마음대로

한용운의 '성북영언'.
가로획과 세로획이 매우 긴 것은 의지가 굳고 참을성이 있었음을 알 수 있다

논리적이고 세련된 학자의 글씨,
유진오

유진오는 경성제국대학을 수석 졸업한 전형적인 수재이다. 제헌 헌법을 기초했고 법제처장, 고려대학교 총장 등을 역임한 학자였으며 문학가, 정치인이기도 했다. 작은 글씨들로 보아 쓸데없는 일에 에너지를 낭비하지 않고 현명하게 사용하며 세련된 사람이었다.

그의 글씨를 보면 '나'를 하나의 선으로 연결해서 썼고, '혹'에서 'ㅎ'과 'ㄱ'를 붙여서 썼으며, '하였'에서 '하'의 마지막 부분과 '였'의 첫 부분을 연결해서 써서, 한 획으로 하나의 글자를 쓰는 연면형의 필체를 보인다. 이런 글씨를 쓰는 사람은 논리적이고 사물이나 사건을 전체적으로 조망할 수 있는 능력이 뛰어나다.

가로획이 길어서 인내심이 강했음을 보여준다. 전체적으로 모나지 않고 부드러워서 다른 사람들과 부딪히지 않고 물 흐르듯이 처신했을 것으로 보인다. 학자뿐 아니라 관료, 정치인으로서도 성공했을 것이다.

李一影 兄

貴誠 ...이 쓴 글이 ... 先生 말씀으로 그것은 내가 글씨
로 쓴 것은 「言在說田幾欲而 ... 」의 詩 한 句절이고
「青衫銀風 行看從自 ... 」라는 詩 글句일이 있읍니다
그. 青春의 詩를 지으는 분께서 무려히 번내는 詩라고 하시、
나는 뒤에 말씀이 있었더라는 夢想을 ... 그제 朴一圭氏
가 知人의 好意을 받았던 것을 생각 했습니다.
日前에 ... 의 詩를 쓴다. 朴一圭氏를 ... 니 반가웠음
이오 詩의 졸作有... 墨滅 ...가 ... 博覽함
깊이 없는가. 나는 七月二十日에 ... 雲旅山房에서

玄民 用箋

유진오의 글씨.
'쓴 일이', '나', '있을'에서 특징이 잘 드러나므로 이 부분을 따라 쓰면 좋다.

인내심 있고 대범한 글씨,
김연아

피겨요정 김연아의 영문 서명 "YunA Kim"을 보면 'Y'와 'A'의 윗부분이 둥글둥글하다. 이 필적 특징으로 보아 예술적 감성을 가지고 있음을 알 수 있다. 특히 'Y'의 시작 부분이 매우 크고 활기찬데 이는 대범하고 기가 세며 자기 과시욕이 크다는 것을 의미한다. 일반적인 스포츠 선수나 연예인을 뛰어넘는다.

'A'의 가로획이 매우 길어 인내력이 뛰어나다는 것을 보여준다. 그가 쓴 한글을 보면 '안개'라는 단어를 쓸 때 'ㅏ'와 'ㄱ'의 가로획을 연결해서 쓸 정도로 길다.

한글 형태는 정사각형 모양이고, 직선 위주인데 이로써 정직하고 보수적이라는 것을 알 수 있다. 'ㅊ'의 꼭지도 가로로 길게 그어서 분야의 최고가 되려는 욕망이 드러난다. 획 사이의 공간이 좁아서 혼자 일하는 직업이 어울린다.

김연아의 서명.
'Y', 'A'에서 특징이 잘 드러나므로 이 부분을 따라 쓰면 좋다.

경쟁자였던 아사다 마오의 글씨체도 둥글둥글한 면이 있어서 예술적 감성을 볼 수 있지만 글씨의 크기가 작아서 기가 약하다는 것을 알려준다. 아사다 마오는 큰 기세와 대범함, 인내력을 갖춘 김연아의 적수가 될 수 없었다.

이런 글씨체는
피해라

피해야 할 글씨체는 많지 않다. 어떤 글씨체든 나름대로 장점과 단점을 모두 가지고 있기 때문이다. 하지만 성공적인 인생을 살고 싶다면 다음과 같은 글씨체는 피하는 것이 좋다.

• 지나치게 불규칙한 글씨

글자 크기나 자간, 행간 등이 들쭉날쭉한 사람은 충동을 조절하지 못한다. 글자 크기가 들쭉날쭉한 사람은 변화를 좋아하는데 기분이 쉽게 바뀌기도 한다. 자간이 불규칙한 것은 정신적으로 불안정한 사람임을 나타내고, 행간이 불규칙한 것도 충동적이고 변덕스럽고 자신감이 없는 사람임을 드러낸다. 이런 사람은 다혈질이어서 행동을 예측하기 어렵고 사고가 발생할 가능성도 높다. 범죄자에게서 많이 나타나는 글씨체이다.

• 알아보기 힘든 글씨

남이 알아보기 힘든 글씨를 쓰는 사람은 의사소통을 원활히 하지 못하는 유형이자 생각이 정리되어 있지 않은 것이다. 그래서 범죄자들에게 많다. 은행 강도 살인범 존 딜린저, 납치 살해범 브루노 하웁트만, 암살범 서한이 이런 필체다.

모두가 선망하는 자리에 있는 사람들은 대부분 알기 쉽고 보기 좋은 글씨를 쓴다. 그러나 그런 사람들 중에도 알아보기 힘든 글씨를 쓰는 경우가 있는데 이런 사람은 임무를 완수하지 못하고 좋은 평가를 받지 못한다. 미국 대통령 닉슨, 나폴레옹 3세, 쿠바의 대통령 카스트로의 글씨는 읽기가 무척 어렵다.

모차르트나 톨스토이 같은 천재들의 글씨도 알아보기 어렵다. 하지만 머리가 너무 좋아서 글씨의 속도가 빠르고, 비범한 생각을 하기 때문에 알아보기 어려운 것이다. 범죄자나 무능한 사람들과의 글씨와는 판이하다.

• 행 간격이 지나치게 좁은 글씨

강도, 살인 등 강력 범죄자들은 행간이 대체로 좁거나 불규칙한 특징을 보인다. 이는 판단력이 미흡하고 자기 훈련이 잘 안 되어 있고 자신감이 부족한 사람에게서 보이는 특성이다. 김대우 등 반민족행위자들 중에 이런 성향이 꽤 나타난다. 파킨슨병에 걸린 사람에게서도 이런 특징이 보인다. 행간이 좁다 못해 다른 글씨를 침범하는 경우도 있는데 매우 충동적이고 불안한 성격을 보여준다. 행 간격은 적당하게 유지하는 것이 좋고, 최소한 다른 글자를 침범하지는 않아야 한다.

• 오른쪽 아래로 기울어지는 글씨

글씨가 오른쪽 아래로 기울어지는 사람들이 있다. 세상에 대해 부정적이고 비관적인 사람들이다. 독재자 히틀러, 러시아의 라스푸틴, 작가이자 평론가 찰스 램의 글씨가 그랬는데 모두 비참한 말로를 맞이했다.

5부

이름을 남기는 글씨는 따로 있다

매국노의 필체에
무슨 향기가 있을까

최악의 매국노로 불리는 이완용은 당대의 명필가였지만, 친일 행적 때문에 글씨가 제 평가를 받지 못했다는 주장이 있다. 이완용은 중국의 미불米芾, 동기창董其昌과 같은 여러 명인들의 서법을 깊이 연구할 정도로 서예에 심취했다고 한다. 독립문 현판이나 직지사 대웅전 글씨도 그가 썼다는 주장이 있고 2005년 한국국제교류재단이 홈페이지에서 이완용을 "당대 위대한 서예가"라고 칭송했다가 문제가 되기도 했다.

서예와 인격이 일치하는지는 과거에도 논쟁거리였다. 청나라의 전대흔錢大昕은 예술과 인품은 서로 다른 두 가지일 뿐이라고 주장했고 명나라의 풍반馬班은 예술과 인품은 불가분의 관계에 있다고 말했다. 그 중간 입장을 취한 송나라의 소식蘇軾은 예술이 분명 인품과 관련이 있지만 기교로 은폐할 수 있기에 반드시 일치할 수는 없다고 했다.

이완용의 필체는 과연 명필인가?

명필인지 아닌지를 가리려면 그 평가 기준부터 세워야 할 것이다. 소식은 글씨에는 신神, 기氣, 골骨, 육肉, 혈血의 5가지가 반드시 있어야 하고 어느 것 하나라도 결핍되면 좋은 글씨라 할 수 없다고 했다. 이런 기준으로 볼 때 이완용은 정신이나 기상, 골격이 모두 약하다. 손재주가 발달해서 획의 운용이나 글씨 구성에서 기교가 있지만 절제미가 없고 품격을 갖추지 못했다. 필획이 깨끗하지 않고 군더더기가 많으며 꾸밈이 지나치다. 인격을 떠나서 글씨 자체만으로도 명필이라고 할 수 없다.

이완용 필체의 특성은 편지에서 두드러진다. 서예 작품에선 기교를 많이 부려 눈속임을 했지만 편지는 다르다. 그는 글씨를 밑으로 뻗치게 썼는데 독창적이고 즉흥적이며 감정적인 성격이었을 것이다. 행의 간격은 좁아서 옆 행의 글씨에 거의 닿아 있는 것을 보면 남에 대한 배려가 부족하다. 속도가 빠른 것은 판단이 빠른 인물임을 알려준다. 글자 크기와 행 간격이 들쭉날쭉한 것에서 예측하기 힘든 사람임을 알 수 있다.

독립운동가에서 친일로 변절한 최남선

3.1 독립선언서의 전문은 육당 최남선이 썼다. 이광수, 홍명희와 함께 '조선의 3대 천재'로 불렸던 최남선은 이 글을 쓰고 '일생 동안 학자로 남을 것'을 고집하며 민족대표 33인에 서명하지 않았지만

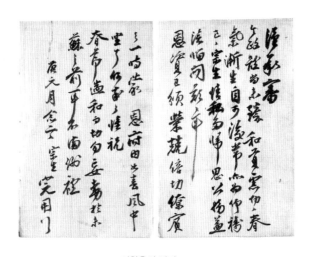

이완용의 편지.
손재주가 발달해서 획의 운용이나 글씨 구성에서
기교가 있지만 절제미가 없고 품격을 갖추지 못했다.

선언문을 썼다는 이유로 체포되어 2년 6개월 동안 복역했다. 그런데 그는 1943년 매일신보에 태평양 전쟁의 학병 참여를 독려하는 글을 기고하고《일선융화론日鮮融和論》을 써서 친일의 오점을 남긴다.

아인슈타인, 마리 퀴리의 글씨에서 보듯이 학자들의 글씨는 작고 매우 규칙적인 것이 특징이다. 작은 글씨는 치밀하고 신중하다는 것을 의미한다. 규칙적인 글씨는 자기 훈련, 집중력, 감정과 충동의 억제, 손재주가 있음, 논리적, 냉정함, 완벽주의를 의미한다. 그런데 최남선의 글씨는 매우 크고 호쾌하다.

큰 글씨가 의미하는 것으로는 열정, 성취 욕구, 확장 지향, 모험심, 진취적 기상, 호방함, 흥취, 적극성, 자존심, 표현 욕구가 강함,

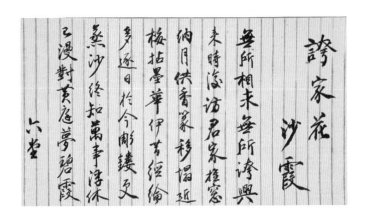

최남선의 시고.
그의 변절은 학업이 아니라 부족한 내공 탓이었다.
그의 글씨는 힘이 부족하고 느슨하여 내면이 강하지 못했음을 알려준다.

개방적, 사교적, 활동 지향 등이 있다. 하지만 교만, 충동성, 허영심을 의미하기도 한다. 최남선은 글씨에도 멋을 많이 부려서 과시욕이 강한 인물이었던 것 같다. 그의 저서나 글을 읽어보면 유불선儒佛仙에 통달한 지식과 현학적인 표현으로 가득하다.

최남선은 해방 후 반민족행위로 재판을 받으면서 '자열서自列書'를 썼다. 여기에는 이런 내용이 있다. "내가 변절한 대목, 즉 왕년에 신변의 핍박한 사정이 지조냐 학식이냐의 양자 중 하나를 골라잡아야 하게 된 때에 대중은 나에게 지조를 붙잡으라 하거늘 나는 그 뜻을 휘뿌리고 학업을 붙잡으면서 다른 것을 버렸다. 대중의 나에 대한 분노가 여기서 시작하며 나오는 것을 내가 잘 알며…"

그의 변절은 학업이 아니라 부족한 내공 탓이었다. 그의 글씨는 힘이 부족하고 느슨하여 내면이 강하지 못했음을 알려준다.

대담한 독립투사, 손병희

3.1운동을 주도한 손병희는 일제에 체포되어 옥중에서 뇌출혈을 얻고 결국 사망에 이른다. 장례식에 10대의 자동차, 200대가 넘는 인력거, 5,000명이 넘는 사람들이 그의 영구를 뒤따랐다고 하니 얼마나 존경받았는지 알 수 있다. 손병희는 보기 드문 큰 인물이었다.

손병희의 글씨는 꽤 커서 용기와 호방함을 알려준다. 그는 말단 관리의 서자로 태어나 어릴 적에는 학문과 담 쌓았고 싸움을 잘했으며 의리가 있었다. 친구의 아버지가 돈 100냥이 없어 감옥에서 사형당하는 처지가 되자 그는 아버지 손두흥의 문갑을 남몰래 열어주고 돈을 가져가게 했다고 전해진다. 22세에 동학에 들어간 손병희(북접)는 전봉준(남접)과 투합하여 동학혁명을 주도했다. 이토 히로부미와 술 대작을 벌이면서도 호방함을 잃지 않았다.

그의 글씨는 매우 힘차서 마치 밖으로 솟구쳐 비상할 듯하다. 국제정세를 읽고 정치 수완을 발휘할 줄 알았던 지략가의 글씨답다. 그는 러일전쟁이 일어나기도 전에 일본이 승리할 것을 예견하고는 조선도 러시아를 상대로 선전포고를 하여 일본과 함께 전승국의 지

손병희의 글씨.
그의 글씨는 매우 힘차서 마치 밖으로 솟구쳐 비상할 듯하다.

위를 누려야 한다고 주장하기도 하고, 심지어 일본 정부에 군자금을 지원하려고도 했다. 이는 일본의 힘을 빌려 러시아와 일본 양쪽을 견제하겠다는 고도의 전략이었다.

그의 글씨는 정확하게 정사각형을 이루면서 각이 뚜렷하고 선이 분명하게 이어진다. 보수적임을 의미하는데 그는 당시 조정의 부패와 밀려들어오는 외세를 척결해야 한다는 반봉건, 반외세주의자였다.

해독에 10년이나 걸린 이 글씨는 "용과강龍過江 필유풍必有風 신봉인信鳳人"으로 보인다. 용이 강을 건너니 바람이 불게 마련이지만 반드시 큰 인물이 있다. 즉, 조선에 큰 변화가 있어 어려움이 따르지만 그 어려움을 이겨낼 큰 인물이 나타난다는 뜻이다.

끝까지 지조를 지킨 독립지사, 오세창

오세창은 3.1운동 당시 독립선언서에 서명한 민족대표 33인 중 한 명이다. 그는 당시 언론인이자 서예가로도 유명했다. 간송미술관에 보관된 간송 전형필의 미술품 컬렉션 대부분이 그의 감식안으로 이루어졌다. 그는 서화 감식 및 수집, 전각, 서예 등에서 탁월한 발자취를 남겼다. 또한 삼국시대부터 일제강점기까지 역대 서화가들의 글씨와 그림을 모아《근묵槿墨》,《근역서휘槿域書彙》,《근역화휘槿域畵彙》,《근역서화징槿域書畵徵》을 편찬했다. '근역槿域'은 '무궁화동산'이라는 뜻으로 우리나라를 말한다. 이 자료들은 서울대학교와 성균관대학교 등에 소장되어 있다.

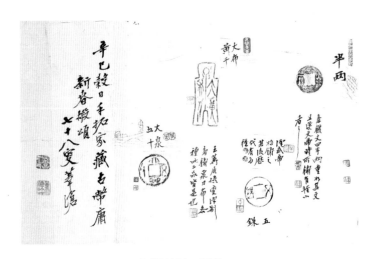

오세창의 '부고재진상'.

　'부고재진상富古齋珍賞'이란 제목을 붙인 작품은 중국의 주나라, 제나라, 진나라, 한나라, 신나라 등 일곱 나라의 진귀한 화폐를 탁본하고 깨알같이 작은 글씨로 그 설명을 썼다. 그 중간에 선생이 직접 새긴 아주 작은 도장 28개가 찍혀 있는데 어떤 것은 가로와 세로가 각 3mm로 너무 작아서 확대경으로 보아야 알아볼 수 있다.

　이런 작은 글씨는 매우 치밀함, 신중함, 집중력, 정밀한 사고, 현실 감각, 억제력, 주의력과 경계심이 있음, 근신, 겸손, 절제 등을 의미한다. 이런 사람들은 자신감 부족, 열정 부족, 소극적, 망설임, 주저함, 쩨쩨함 등의 성향을 보이기도 한다. 논리적이고 치밀해야 하는 학자들이 주로 작은 글씨를 쓴다.

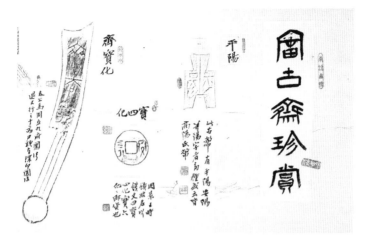

글씨가 작고 세밀하지만 그렇다고 천편일률적이지 않고 변화를 추구하고 있어
불규칙한 특징을 보인다. 이런 특징은 예술적 감성, 창조성 등을 의미한다.

선생의 글씨는 작고 세밀하지만 그렇다고 천편일률적이지 않고 변화를 추구하고 있어 불규칙한 특징을 보인다. 이런 특징은 예술적 감성, 창조성 등을 의미한다. 이처럼 꼼꼼하고 신중하면서 치밀한 동시에 예술적 감성을 갖추어야 서화 감식을 제대로 할 수 있으니 이만저만 어려운 일이 아니다. 그의 반듯반듯하면서도 작은 글씨, 좁은 글자 간격을 보면 그는 치밀하고 신중한 사람이어서 독립운동을 선택할 수밖에 없는 인물이었다.

변절과 친일의 시대를 견디어낸 선생은 82세의 고령으로 해방을 맞이한다. 해방 직후에 그는 변절과 친일의 과거가 없는 민족 지도자로서 존경을 받았다. 반민특위에 자신의 서체로 당당하게 '민족정기民族正氣'라는 현판을 내걸었다. 또한 해방 1주년 기념식이 열렸을 때는 일본에 빼앗겼던 옥새를 되돌려 받았다.

글씨체에는 인격과 기품이 드러난다

글씨에는 인격이 담겨 있어서 글씨를 보면 그 사람의 수준을 알 수 있다. 일제강점기를 전후해 글씨가 가장 훌륭한 인물을 고르라면 헤이그 만국평화회의에 특사로 파견된 이상설을 주저 없이 선택하겠다.

일제 강점 초기에 독립지사 탄압의 주범인 아카시 모토지로 헌병대사령관의 비밀보고서에 따르면 안중근은 배일(排日, 일본 사람, 문물, 사상 등을 배척함) 목적의 교육에 종사하던 이상설을 찾아가 문하생이 됐고 그를 가장 존경하는 사람으로 꼽았다. 보고서 말미에는 '조선통감부 촉탁경시 사카이의 신문'에서 안중근이 이상설을 언급하는 대목이 나온다.

"포부가 매우 크며 세계 대세에 통해 동양의 시국을 간파하고 있다. 만인이 모여도 상설에는 미치지 못한다. 용량이 크고 사리에 통하는 대인물로서 대신大臣의 그릇이 됨을 잃지 않았다."

이상설의 글씨가 최고이며 인품이 훌륭하다는 것은 무엇 때문일까? 선생의 글씨는 유려하고 힘이 넘친다. 이는 두뇌 활동이 활발하고 내면의 에너지가 강함을 의미한다. 글씨 크기가 큰 것은 용기와 사회성이 있다는 뜻이다. 가로획이 긴 것은 참을성이 있음을 나타내

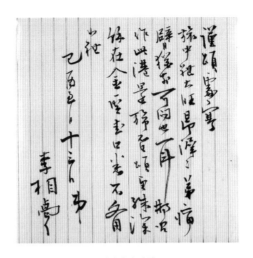

이상설의 편지.
유려하고 힘이 넘친다. 이는 두뇌 활동이 활발하고 내면의 에너지가 강함을 의미한다.
글씨 크기가 큰 것은 용기와 사회성이 있다는 뜻이다.

고, 마지막 부분이 길게 늘어지는 것은 큰 힘과 활력을 말해준다. 행의 간격이 넓은 것은 남을 배려할 줄 안다는 뜻이다.

여기까지 갖춘 인물은 어느 정도 있다. 그런데 이상설의 글씨는 이를 뛰어넘는 무엇인가가 있다. 직선과 곡선의 적절한 배합을 보면 이성적이고 반듯하지만 너그러움도 갖추었다. 크기나 각도, 기울기 등에 변화가 있으면서도 크게 벗어나지 않는다.

이를 보면 구태의연하지 않고 새로움을 추구했으며 원칙을 지키되 얽매이지 않았다. 지능, 판단력, 용기, 인내력, 에너지, 반듯함, 배려, 거기에 더하여 혁신, 절제, 중용을 갖추어야 최고의 경지에 오를 수 있다. 이상설의 한글 글씨가 없는 것이 아쉽다.

이상적인 인간상, 정약용

훌륭한 글씨체로 정약용의 글씨를 소개하고 싶다. 그의 글씨는 보기에도 멋스럽지만 필적학으로 접근해도 흠잡을 데 없이 훌륭하다. 그는 군자나 대인과 같은 이상적인 인간의 수준에 올랐다고 말할 수 있다. 우선 형태가 네모반듯한 글씨를 쓰는 사람은 보통 보수적이고 이성적이며 곧다. 하지만 글자의 간격이 충분히 넓어서 새로운 환경에 적응을 잘하고 용기도 갖추고 있었다.

필획이 아래쪽으로 가면서 유난히 왼쪽으로 휘는 것은 적극적이고 미래 지향적이라는 것을 알려준다. 그는 당시 사회가 직면해 있던 각종 해체 현상을 직시하고, 과거제 개혁, 토지 개혁 등 각종 사회 개혁사상을 제시하여 묵은 나라를 새롭게 하고자 노력하였다.

글씨의 속도가 꽤 빠르면서도 '書서'의 가로획의 간격이 정확하게 균분되는 등 흐트러짐이 없다. 판단이 빠르고 활동적이며 즉흥적이고 정보의 흡수가 빠르면서도 논리적이라는 것을 알려준다. 글씨의 크기에 대소의 변화를 주어서 정밀함, 사회성, 표현력도 갖추었다. 실학사상을 집대성하고 수많은 저작을 남긴 데는 이런 성향이 영향을 주었을 것이다.

필획이 깨끗하고 힘이 있어서 단아한 느낌을 준다. 마음씨가 맑고 내공이 있는 사람이 아니면 이런 글씨를 쓰기 어렵다. 모음의 시작 부분이 삐치지 않고 곧바로 내리긋는 것은 꾸밈이 없는 순수한 마음을 가졌다는 것을 알려준다.

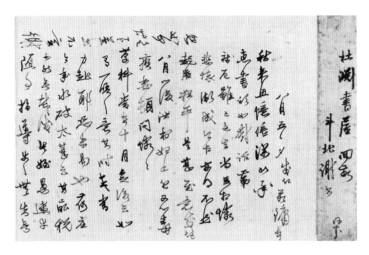

정약용의 편지.
그의 글씨는 보기에도 멋스럽지만 필적학으로 접근해도 흠잡을 데 없이 훌륭하다.

　　정약용의 글씨는 절묘하게 중용의 덕을 갖추었다. 기본적으로 둥근 형태를 보이지만 모서리에 각이 종종 보여서 강함과 부드러움이 조화를 이루고 있다. 전체적으로 규칙성을 유지하고 있지만 글자의 간격이나 기초선, 필획의 처리에서 종종 변화를 주고 있다. 신의, 높은 지성, 고매한 인품, 개혁 의지를 갖추었으니, 조선의 왕 중 총명함이나 인품에서 가장 수준 높았던 정조가 그를 그토록 사랑했을 것이다.

이승만부터 트럼프까지
역대 대통령의 글씨

조선의 왕이었던 선조는 일본의 침략을 내다보지 못했고, 임진왜란이 일어나자 도성과 백성을 버렸으며, 전란 뒤에도 국가 재건에 실패한 왕으로 기억된다. 사극에 등장할 때도 대체로 전란과 당쟁 속에서 허둥대는 무능한 군주로 묘사된다. 하지만 어릴 때 신동이란 소리를 들었고 전쟁을 치르면서도 서책을 가까이 하지 않은 날이 없을 정도로 학문이 깊었으며 그림, 글씨에 조예가 상당했다고 한다. 선조는 과연 어떤 임금이었을까?

유능하지만 불통이었던 선조

선조의 글씨는 속도가 매우 빠르다. 이를 보면 두뇌 회전이나 판단이 빠르다는 것을 알 수 있다. 게다가 글씨가 매우 균일하고 정돈되어 있어서 논리적이고 치밀하며 검소했을 것으로 보인다. 세로획

선조의 편지. 선조는 리더십에 심각한 문제가 있었을 것이다.
선조의 글씨는 획 사이가 거의 빈틈없는 밀폐형이다.

이 길고 마무리가 확실한 것을 보면 의지력이 있고 업무 능력도 뛰어났다는 것을 알 수 있다.

글자의 간격이 좁은 것은 자의식이 강하며 자기 자신에게 엄격했다는 것을 알려준다. 이이, 이황, 윤두수, 이항복, 이덕형, 유성룡 등 기라성 같은 인물들이 선조의 면전에서 숨도 제대로 쉬지 못했다고 할 만하다.

하지만 선조는 리더십에 심각한 문제가 있었을 것이다. 형태가 반듯한 정사각형을 이루는 글씨는 그가 규정을 매우 중시하고 보수적이었음을 알려준다. 선조의 글씨는 획 사이가 거의 빈틈없는 밀폐형이다. 이 점이 선조 글씨의 가장 큰 특징인데 이렇게 공간이 작은 글씨를 쓰는 사람은 매우 드물다.

필적학에서는 자신만의 세계에 틀어박혀 마음이 넓지 않고 포용력이 없으며 남의 이야기를 잘 받아들이지 않는다고 분석한다. 이런 유형의 인물은 작은 회사의 리더로도 적합하지 않은데 국가, 특히 큰 위기에 놓인 국가를 경영했으니 문제가 생길 수밖에 없었다. 역사에는 가정이 없다고 하지만 선조는 국왕이 아니라 신하였다면 좋았을 것이다.

탁월하고 노회한 이승만

'건국의 아버지' 또는 '분단 책임자'라는 양극단의 평가를 받는 이승만만큼 논쟁적인 인물도 드물다. 글씨로 분석한 이승만은 어떤 인물일까? 우선 역대 대통령 중 단연 뛰어난 글씨의 소유자이다.

그의 글씨는 기운이 웅혼하고 외형적 꾸밈이나 필획의 교묘함보다는 선비적 기품이 두드러진다. 한글이나 영어 필체도 유려하고 완숙의 경지에 이르렀다. 어려서부터 시작한 글씨 연습을 평생 계속해온 이유도 있지만 그가 높은 경지에 이르렀기 때문에 가능한 일이다. 글씨를 보면 그 사람의 능력을 짐작할 수 있는데 이승만은 당시 김일성, 미국의 트루먼, 소련의 스탈린 등과 견주어도 뒤지지 않고 오히려 뛰어난 수준이었다.

하지만 이승만이 노회하고 기회주의적인 정치인이었다는 사실

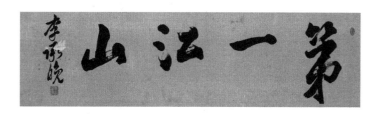

이승만의 '제일강산'.
위아래가 매우 긴 글씨는 자신감이 강하고 용기 있고 호방한 성격임을 드러낸다.
독창적, 즉흥적, 감정적, 변덕스러움, 기회주의자라는 뜻도 있다.

은 글씨에도 나타난다. 그는 글씨를 위아래로 매우 길게 쓰는데 자신감이 강하고 용기 있고 호방한 성격임을 드러내는 것이다. 그런데 그 필적 특징에는 독창적, 즉흥적, 감정적, 변덕스러움, 기회주의자라는 것도 있다.

유연성이 있다는 것은 융통성과 사회성이 있는 인물임을 드러내는 것이다. 자신에게 엄격하지 않고 남에게 비판적이지 않으며 유머 감각이 있다는 것을 말해주기도 한다. 특히 첫 글자가 큰 것은 무대 기질이 있다고 알려져 있는데, 그는 대중 앞에 서기를 좋아하고 유명해지고 싶어 하는 사람이었다.

이런 특징은 조지 워싱턴, 존 F. 케네디, 로널드 레이건 등 많은

정치 지도자들에게서 나타난다. 링컨이나 간디는 많이 다르지만 이런 경우는 드문 예외에 불과하다.

글씨가 크고 위아래로 긴 것을 제외하면 전형적인 항일운동가의 글씨체이다. 반듯하고 규칙적인 것은 내면이 확고하고 원칙을 중시하며 보수적인 성향임을 보여준다. 세로획의 마지막을 꺾는 것을 보면 고집이 강하고 의지가 굳다는 것을 알려준다. 이승만의 글씨는 군더더기가 없고 깔끔한데 이를 보면 그가 단순명료했다는 것을 알 수 있다.

이승만에 대한 평가는 각자의 주관에 맡길 수밖에 없지만 그의 용기, 굳은 의지, 판단력, 노회함이 아니었으면 민족의 명운이 걸려 있는 복잡한 당시 정치 상황을 풀어가기가 어려웠을 것이다. 반면, 그의 기회주의적이고 교활한 면이 민주주의 발전에 장애가 되었음을 부인하기 어렵다.

좌고우면하지 않는 김영삼

김영삼 전 대통령은 독창적인 글씨체를 구사했다. 그가 즐겨 쓴 '大道無門(대도무문)'은 그의 필체 특징을 잘 보여준다. 가장 큰 특징은 여백이 거의 없을 정도로 글씨가 상당히 크다는 것이다.

이런 글씨를 쓰는 사람은 열정, 성취욕, 모험심, 적극성, 자존심, 진취성, 근면성 등으로 가득 차서 일생 동안 끊임없는 행동력을 보인다. 다만 현실 감각이 약하고 순진하며 세밀하지 못하다는 단점이 있다.

글 시작 부분에 여백이 거의 없는 것은 적극적인 기질을 말해준다. 김구와 같은 독립운동가나 마틴 루서 킹과 같은 사회운동가들이 주로 시작 부분에 여백 없이 글씨를 쓴다.

그는 오른쪽으로 가파르게 올라가는 글씨를 써서 매우 낙관적, 긍정적이라는 것을 보여준다. 기교가 거의 없고 정확한 정사각형 형태로 쓰고 있는 것은 세련됨과는 거리가 멀고 올곧은 사람임을 드러낸다. 대한민국의 민주화 과정에서 열정, 진취성, 모험심, 적극성, 낙관적 성향, 정직성을 가진 그가 나타난 것은 참 다행스러웠다.

그의 글씨 속도는 매우 빠르다. 두뇌 회전이 빨라 앞뒤 재지 않고

大道無門

丙申冬 巨山 金泳三

김영삼의 '대도무문'.
두뇌 회전이 빨라 앞뒤
재지 않고 빠르게 결정
하며 직선적이고 변화
욕구가 강한 성격이다.

5부 이름을 남기는

빠르게 결정하며 직선적이고 목표의식이 있고 변화 욕구가 강한 성격이다. 이런 성향을 가진 사람들은 자제력이 약하고 피상적이며 눈앞에 있는 것만 바라보고 나중 일은 잘 생각하지 않으며 일을 대충대충 끝낸다는 단점이 있다.

획 사이의 간격이 좁은 것을 보면 다른 사람과 소통을 잘하지 못하는 사람임을 보여준다. 민주화운동의 지도자였고 문민정부를 이끌었지만 소통을 그리 잘 하지는 못했을 것이다.

글씨의 크기, 기울기, 기초선 등에서 일정하지 않고 변화가 있는데 이는 활력이 있고 충동적이며 열정적인 사람에게 나타나는 특징이다. 이런 글씨를 쓰는 사람은 자신감이 강하고 사고가 민첩하며 감성이 풍부한 기분파이다. 김 전 대통령은 인간미가 넘치는 매력적인 인물이었다.

무쇠 같은 미국 대통령, 트럼프

트럼프 대통령은 기이한 행동만큼 글씨체도 매우 독특하다. 논리적이면서도 무쇠처럼 강인하고 능력이 매우 뛰어난 비범한 인물이다.

2017년 10월 국방부의 요청으로 대통령에게 보고할 김정은 북한 국무위원장과 트럼프의 글씨 분석 의견서를 작성했다. 트럼프의 글씨체는 김정은의 글씨체와 유사점이 많았다.

기초선이 오른쪽 위로 가파르게 올라가는 것은 둘 다 매우 긍정

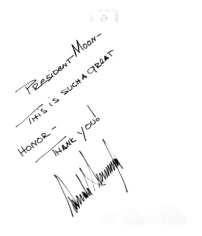

도널드 트럼프의 서명.
글자 크기가 아주 고른 등 규칙성이 뛰어나서
논리적이고 사소한 부분까지 챙기며 빈틈이 없다.

적이며 자신이 생각한 대로 목표를 향해 힘차게 질주한다는 것을 의미한다. 행 간격이 좁아서 다른 글자를 종종 침범한다. 이는 두 사람 다 남에게 피해 주는 것을 별로 개의치 않는다는 것을 뜻한다. 글자 간격이 꽤 좁은 것은 자의식이 강하고 고민을 즐겨 하는 것을 알려준다. 필압이 강해서 에너지가 강하고 주관이 뚜렷하다는 것을 알 수 있다.

그런데 트럼프는 글자 크기가 아주 고른 등 규칙성이 뛰어나서 논리적이고 사소한 부분까지 챙기며 빈틈이 없다. 직관적이고 감성적인 면을 지닌 김정은과 비교된다.

그의 서명을 보면 "President Moon/ This is such a great honor/

Thank you!/ Donald Trump"라고 적혀 있다. "Moon"의 'M'과 'N' 등에서 모가 나고 "This"와 "Thank"의 'T'의 가로획이 매우 긴 것을 보면 트럼프는 의지와 인내심이 매우 강하고 저항적이며 감정과 충동을 통제할 수 있고 안정 지향적이다. 2018년 초 그의 북미회담 연기 선언은 고도로 계산된 행동일 가능성이 높다.

　김정은과 트럼프 둘 다 자기중심적인 데다가 목표 지향적인 인물이다. 김정은은 충동적인 면이 있고 트럼프는 이익에 충실한 사람이다 보니 관계가 원만하게 진행되지만은 않을 것이다. 하지만 둘 다 심한 돌발 행동을 할 가능성은 낮고 문재인 대통령이 중재자로서의 역할을 잘 할 수 있는 성향인 것을 감안하면 정세가 긍정적인 방향으로 진행될 가능성이 높다.

한 시대를 풍미한
예술가들의 진짜 성격

세계 10대 무용가의 한 사람으로 꼽혔고 동양의 이사도라 덩컨으로 불린 무용가 최승희는 한류 스타의 원조라고 할 만하다. 1939년 미국 뉴욕의 무대에 섰을 때 만든 팸플릿에는 한자 서명 "崔承喜(최승희)"와 영문 서명 "Sai Shoki"가 친필로 쓰여 있다. 최승희의 서명은 위아래로 상당히 길고 오른쪽으로 가면서 기울기가 올라간다.

필적학에서는 글씨의 세로 길이가 긴 것은 자존심이 세고 용기가 있으며 대중 앞에 서기를 좋아하고 유명해지고자 하는 욕망의 표현이라고 해석한다. 글씨의 기초선이 오른쪽으로 갈수록 올라가는 것은 이상주의적이고 외향적이며 낙천적이고 꿈꾸기를 좋아하는 성향을 나타낸다. 배우 버트 레이놀즈, 테니스선수 마르티나 나브라틸로바, 사회운동가 마틴 루서 킹, 팝아트의 대가 앤디 워홀 등에게서 이런 형태가 발견된다.

최승희의 한문 서명(왼쪽), 영문 서명(오른쪽).
무용가에 그치지 않고 정신적으로도 상당한 수준에 오른 인물이었을 것이다
(서명이 연필로 쓰여져 사진이 매우 흐리다).

최고를 지향한 최승희

최승희의 글씨는 하나의 획으로 글자를 완성하는 연면형의 전형
으로 상당한 학식과 경험이 쌓여야 쓸 수 있다. 사물의 연결과 관계
를 이해할 수 있고 복잡한 세상사를 종합적, 분석적으로 이해할 수
있는 사람이다. 게다가 필획이 매우 힘차고 거침이 없다. 최승희는
단순히 무용가에 그치지 않고 정신적으로도 상당한 수준에 오른 인
물이었을 것이다. 웬만한 정치 지도자나 학자의 수준 이상이고 세계
적인 예술가들에게 견주어도 부족함이 없어 보인다.

최승희의 영문 서명 중 'S'에 있는 동그라미 모양의 고리가 왼쪽으로 과도하게 뻗쳐 있다. 이는 도량이 넓고 외향적이며 사교적이라는 것을 보여준다. 'k'의 마지막 획이 길게 늘어져 있어서 스스로에 대한 자신감이 넘친다는 것을 알 수 있다. 'i'의 점은 오른쪽 위에 많이 치우쳐 있는데 이는 충동적이고 직관적이라는 것을 뜻한다. 이렇게 한자와 영문 등 다양한 서명이 함께 있으면 필적 분석의 정확도가 높아진다.

열정이 넘치지만 별난 안익태

애국가를 작곡한 안익태의 글씨는 매우 빠르고 불규칙하며 힘차다. 이는 생각의 속도가 매우 빠르고 에너지가 넘치는 것을 의미하지만 성급함을 말해주기도 한다.

글씨 크기의 변화는 자존감의 변화를 말해준다. 기초선의 변화는 예민하고 변덕스러웠다는 것을 의미한다. 게다가 가로획이 밖으로 삐져 나와 다른 글자를 심하게 침범하는 것으로 보아 열정이 지나친 나머지 남에 대한 배려가 없었을 것이다.

이런 글씨체는 뛰어난 업적을 남긴 인물들에게서 종종 볼 수 있다. 음악의 성인으로 불리는 베토벤은 악필로 유명했다. 그의 소나타 '엘리제를 위하여*Für Elise*'는 베토벤이 사랑했던 소녀 테레제를 위하여 만든 것이어서 원래 제목이 '테레제를 위하여*Für Therese*'였다. 그런데 출판사 직원이 잘못 읽어서 제목이 바뀌었을 정도로 그의 글씨

안익태의 글씨.
지휘자이자 피아니스트인 알프레드 코르토Alfred Cortot와 함께 찍은 사진이다.
글귀는 안익태가 영창악기 전무 김재환에게 고맙다는 뜻을 담아 써 보낸 것이다.

는 읽기 어려웠다.

톨스토이와 레오나르도 다빈치도 베토벤에 못지않은 악필로 알려져 있다. 톨스토이의 글씨는 알아보기가 매우 힘들어서 그의 아내이자 친구이고 비서였던 소피아가 정갈하게 다시 썼다고 한다. 그런데 이들의 글씨는 '악필'이 아니다. 두뇌 회전이 매우 빠르고 개성이 뚜렷하며 자신감이 넘치고 활력이 넘치는 면에서 오히려 좋은 글씨라고 할 수 있다.

사진 속 글귀는 안익태가 영창악기 전무 김재환에게 고맙다는 뜻을 담아 써 보낸 것이다. 당시 그는 해외에서 악기를 사다가 영창악기의 김재환을 통해서 국내에 판매했다. 김재환은 정보 장교 대위 출신으로 삐라 수집으로 유명한 사람이기도 하다.

1, 2번째 문장을 보면 "To. Mr. Kim Jai Hwan/ Young Chang Akki, co."라고 쓰여 있다. "To"의 'T'가 가로획이 매우 길다. 필적학자들은 알파벳 'T'에서 많은 단서를 잡아내는데, 의지, 자기 신뢰, 에너지, 열정, 결단력, 용기, 고집, 야망을 드러낸다.

"Jai"에서 'J'의 아랫부분이 큰 고리 형태를 이루는 것을 보면 성적 상상력이 풍부하고 돈에 대한 욕망이 강하다는 것을 알 수 있다. "Hwan"의 'H'와 'Akki'의 A에서 가로획을 긋기 전에 추가적인 선이 있는 것은 예민하고 간섭을 싫어했다는 것을 알 수 있다.

혁신가의 글씨, 마르셀 뒤샹

변기를 작품화한 '샘'과 같이 '레디 메이드(ready-made, 기성품에 이름만 새로 붙여 전시하는 미적 개념)' 오브제를 제시해서 20세기 초반 미술계를 뒤흔든 마르셀 뒤샹. 그는 일상과 예술의 경계를 허물어서 현대미술의 아버지라고 여겨진다. 뒤샹이 없는 개념미술은 생각조차 하기 어렵다.

현대미술에서의 뒤샹은 서양 철학에 있어서 플라톤과 같은 존재이다. 뒤샹은 레디 메이드 이외에도 예술과 기계의 결합을 추구했고 '로즈 셀라비'라는 여성의 가명을 사용하는 등 끊임없이 혁신을 추구했다. 그의 글씨는 업적만큼이나 특이하다. 다음은 뒤샹의 편지 내용이다.

28 West 10th st.
New York City
No. 20. 1967

Dear Mr. Martin Stuart

Thank you for your kind invitation to visit the exhibition you have organized. —

Unfortunately my health is not what it was when I came to Bamberger's a few years ago

Please accept my regrets to be unable to come to Newark with my best wishes for your very comprehensive show

Sincerely yours
Marcel Duchamp

마르셀 뒤샹의 편지.

Dear Mr. Martin Stuart Thank you for your kind invitation to visit the exhibition you have organized. Unfortunately my health is not what it was when I came to Bamberger's a few years ago. Please accept my regrets to be unable to come to Newark with my best wishes for your very comprehensive show. Sincerely yours Marcel Duchamp 'b'의 마지막 부분에 고리 형태는 상상력이 풍부한 것을 나타내고, 'h'의 고리가 작은 것은 공상가임을 말해준다. 그는 새로운 것이라면 무엇이든지 받아들이는 수용성을 가졌다. 그의 상상력은 비판적 사고와 함께 빛을 발한다. 글씨를 쓰는 속도가 매우 빠른 것은 명석함을 알려주는데 'w'가 각지게 구성되어 있어서 분석적 사고를 하며 머리가 가슴을 지배했음을 알 수 있다.

's'의 날카로운 윗부분으로 보아 비판적 성향을 갖춘 독설가였을 것이다. 어린 시절 명문학교에 다녔고 수학경시대회에서 1등을 했던 뒤샹은 날카로운 지성으로 유명했다. 't'의 가로획이 매우 긴 것은 강한 인내심과 의지를 말해준다. 그는 말했다. "예술가라면 진정한 대중이 나타날 때까지 50년이고 100년이고 기다릴 줄 알아야 합니다. 바로 그 대중만이 제 관심사입니다."

정사각형 형태의 'r'은 기계조작 기술이나 손재간이 있음을 알려준다. 뒤샹은 과학, 공업, 기하학, 물리학 등에서 착안한 기계적 실험을 작품에 반영하여 예술과 테크놀로지의 결합을 시도했다.

'D'를 구성하는 획이 맞닿지 않고 열린 것으로 보아 말하기를 즐긴다는 사실을 알 수 있다. 그는 "나의 취향이 굳어지는 것을 피하기 위해 부단히 나 자신을 부정하고자 애썼다."고 했다. 혁명가 뒤샹은 이렇게 탄생했다.

세계적인 스타들의
서명 속 숨겨진 욕망

서명은 수천 번 이상 쓰기 때문에 개성이 가장 잘 드러난다. 다른 사람이 따라 쓰려고 해도 쉽지 않아서 문서나 서화 감정에서도 서명이 맞는지를 살피는 것이 기본이다.

미국의 전설적인 팝스타 마이클 잭슨만큼 개성이 강하고 힘차며 아름다운 서명도 찾기 어렵다. 서명만 보아도 마이클 잭슨은 비범한 인물이다. 그는 꽤 크고 두꺼운 종이와 펜을 가지고 다니면서 작품을 만들듯이 "Michael Jackson"을 서명해주었다.

팝스타의 글씨, 마이클 잭슨

필적학자들은 글씨를 가로로 쓸 때 우상향하는 것과 글씨를 세로로 쓸 때 왼쪽으로 쏠리는 것이 낙천적 기질을 뜻한다는 데 일치하는 의견을 보인다. 그 반대의 경우는 우울증 성향을 나타낸다. 마이

마이클 잭슨 서명.
일상의 삶보다는 야망과 이상을 추구한 한편 본능이나 섹스,
물질적인 관심에 치중했음을 보여준다.

클 잭슨의 첫 문자인 'M'의 오른쪽 위 꼭짓점은 왼쪽 위 꼭짓점보다
훨씬 높은 위치에 있고 거의 직각 상향한다. 초긍정 마인드로 무장
했다는 것을 알 수 있다.

마이클 잭슨은 공존하기 어려운 성향들이 절묘하게 조화를 이루
고 있다. 'l(엘)'과 'J'의 곡선이 큰 원을 그리는 것을 보면 에너지가 충
만해 있음을 알 수 있다. 나머지 작고 균형 잡힌 글씨들을 보면 논리
력이나 합리성도 갖추었다. 곡선으로 이루어진 필획은 예술적 감성
을 보여주는데 반대로 'M'에서는 직선과 각이 있어서 강인함과 단호
함까지 겸비했다.

서양의 필적학자들은 알파벳을 세로로 3개 구역으로 나누어 그

발달 정도에 따라 특징을 도출해낸다. 맨 위의 구역이 지성, 이상, 야
망, 정신적 특성을 보여주고, 가운데 구역은 일상생활의 모습, 합리
성, 사회적 자신감 등을 드러내며, 아래 구역은 본능, 비밀, 섹스, 물
질적인 관심 등을 나타낸다. 마이클 잭슨은 맨 위와 아래 구역이 유
난히 발달했다. 가운데 구역도 평균 이상으로 발달했지만 다른 구역
은 이를 압도한다.

일상의 삶보다는 야망과 이상을 추구한 한편 본능이나 섹스, 물
질적인 관심에 치중했음을 보여준다. 글자가 서로 심하게 침범하는
데 이런 글씨를 쓰는 사람들은 주장이 매우 강하고 감정을 잘 억제
하지 못해서 갑자기 화를 내기도 한다.

운동선수의 글씨, 타이거 우즈

많은 골프선수 가운데서도 타이거 우즈는 특별하다. 모차르트
와 비교될 정도의 천재로 불리는 그의 어린 시절은 신화처럼 포장
되어 있다. 타이거 우즈가 앞으로 어떤 활약을 보여줄지 궁금하지
만 그는 이미 역사상 가장 위대한 골퍼로 알려져 있다. 글씨체로
분석한 그는 용기와 자신감, 논리력, 인내력 등을 골고루 갖춘 대
단한 인물이다.

타이거 우즈는 글씨를 위아래로 매우 길게 쓰는데 자신감이 강하
고 용기 있고 호방한 성격임이 드러난다. 특히 첫 글자가 큰 것으로
보아 무대 기질이 있으며 이런 글씨를 쓰는 사람들은 즉흥적이고 감

정적이며 변덕스러울 수 있다. 그런데 가지런하고 균형 잡힌 타이거 우즈의 글씨를 보면 그는 논리적이고 이성적이다. 스탠퍼드대학교에 다녔을 만큼 공부도 잘했다.

타이거 우즈는 't'의 가로획이 유난히 길다. 이런 글씨를 쓰는 사람들은 인내력이 강하다. 운동선수들은 가로획의 길이가 긴 특징을 보이는 경우가 많은데 차범근, 박지성, 최동원, 선동열, 박태환, 이만기, 박세리, 김연아, 펠레 등 스포츠 스타들은 유난히 가로획이 긴 글씨를 쓴다.

특히 서명이 멋지다. 이 정도로 멋진 서명을 할 수 있다는 건 타이거 우즈가 뛰어난 인물이라는 것을 알 수 있다. 첫 글자인 'T'의 가로획을 보자. 오른쪽으로 가면서 매우 가파르게 올라간다. 유난히도 자신감이 강하고 낙관적이라는 것을 알 수 있다.

마이클 잭슨, 앤디 워홀 등이 이런 글씨를 쓴다. 마지막 글자의 마지막 부분이 큰 호쎄를 그린다. 이런 필적 특징은 나폴레옹 같은 큰 인물들에게서 두드러진다. 큰 힘과 활력을 의미한다. 타이거 우즈는 글자를 3개 구역으로 나누면 아래 구역이 특히 발달했다. 아래 구역은 본능, 비밀, 섹스, 물질적인 관심 등을 나타낸다. 성추문에 휩싸인 것이 우연이 아닌 듯하다.

My name _Tiger Woods_

childhood ambition _to beat dad in a game of golf_

fondest memory _riding my bike and skate board all the time_

soundtrack _anything 80's and early 90's_

retreat _underwater shooting fish_

wildest dream _winning the Masters_

proudest moment _winning the Masters_

biggest challenge _how can I become a better person tomorrow_

alarm clock _5:00 AM sharp!!!_

perfect day _surf, ski, golf, and spearfish in the same day_

first job _cart boy_

indulgence _my boat_

last purchase _My friends new album from Hootie and the Blow fish_

favorite movie _Caddyshack_

inspiration _My parents_

My life _is hectic_

My card _is American Express_

My life. My card

타이거 우즈의 비망록.
'T'의 가로획이 유난히 길다. 이런 글씨를 쓰는 사람들은 인내력이 강하다.

복잡다단한 오프라 윈프리

'신화가 된 여자', '여자 흑인 사업가 최초 세계 500대 부자', '세계에서 가장 영향력 있는 여성'…, 모두 오프라 윈프리를 가리키는 말이다. '오프라 윈프리 쇼'로 대중에게 친숙한 그녀는 자신이 부인하는데도 차기 미국 대통령 후보로 거론된다. 불우한 어린 시절을 극복하고 부와 명예를 차지한 오프라 윈프리의 글씨를 분석해보면 대단한 인물이지만 자신의 주관이 너무 뚜렷해서 외부와의 갈등도 있을 듯하다.

오프라 윈프리는 매우 좋은 두뇌, 강하고 적극적인 기질, 매우 센 기세를 갖춘 비범한 인물이다. 휘갈기는 듯 빠른 글씨는 두뇌 반응이 매우 활발하고 행동이 신속하며 활력이 충만하고 자기표현 능력이 강하고 적극적, 역동적이라는 것을 말해준다.

그의 서명 "Oprah Winfrey"에서 'O'가 매우 둥글고 큰 것을 보면 기가 세고 과시욕이 넘치는 것을 알 수 있다. 'W'가 매우 크고 마지막 부분이 위쪽을 향하는 것은 용기가 있다는 것을 알려준다. 서명의 마지막 부분이 길게 늘어지는 것은 나폴레옹 같은 비범한 인물에게서 보이는 특징이다. 그녀의 서명은 아래로 길게 늘어지다가 위로 올라가고 다시 큰 원을 그려서 더 강한 인상을 준다. 비범한 가운데서도 비범하다고 할 수 있다.

큰 성공을 거둔 그녀에게는 남모르는 마음고생이 있을 것이다. 서명 위에 있는 "Blessings"에서 'g'의 아랫부분이 아기 침대와 같이

오프라 윈프리의 서명.
서명의 마지막 부분이 길게 늘어지는 것은
나폴레옹 같은 비범한 인물에게서 보이는 특징이다.

둥근 형태를 보이는 것은 어머니와의 관계가 해결되지 않았다는 것을 의미한다(고리 형태보다 훨씬 크고 둥글어서 특별하다).

여러 곳에서 글자가 서로 침범하는 것을 보면 내면의 갈등이 심한 것을 알 수 있다. 'O'의 중간에 선이 지나는 것은 스스로 기만한다는 사실을 말해준다. 지나치게 빠른 글씨는 정서가 안정되지 않고 괴팍하며 변덕스럽다는 것을 의미하기도 한다.

내면에 관한 다양한 정보의 보물 창고, I

영문 필적 감정을 할 때 유심히 봐야 하는 알파벳이 있다. 'I'는 자아를 직접적으로 드러내는 글자이기에 필적 감정가들이 가장 눈

여겨본다. 'I'가 클수록 자신감이 있는 사람이다.

단순하게 아래로 내리뻗은 'I'는 자기 확신을 가지고 있다는 표현이고 지적이며 균형 잡힌 감각을 가지고 있음을 나타낸다. 곧게 내려긋지 않거나 왼쪽으로 기운 'I'는 연쇄살인범의 필적에서 자주 보인다. 따라서 과거에 어떤 범죄를 저질렀거나 혹은 앞으로 그럴 가능성이 크다는 것을 암시한다.

소문자 'i'의 점 위치와 형태는 필체를 구별할 수 있는 특징적인 요소이기도 한데, 점이 본 글자의 어디에 찍혀 있는지, 크기가 어떤지가 관찰 요소이다.

점이 본 글자의 왼쪽에 찍혀 있을 경우 조심스러운 성격이고, 정확히 본 글자 위에 찍혀 있을 경우 세심하고 보수적인 성격이다. 점이 크고 무거울 경우 우울한 상태에 있음을 나타내고, 반대로 가벼울 경우에는 만사에 흥미가 별로 없거나 활동성이 둔화된 상태임을 나타낸다. 오프라 윈프리는 'i'의 점이 매우 높은 것으로 보아 이상을 좇는 사람임을 알 수 있다.

글씨 분석은 어떻게 삶의 무기가 되는가

닉 베세이*Nick Veasey*라는 사진작가가 있다. 엑스레이를 이용해서 일상의 사물뿐만 아니라 휴대폰으로 셀카를 찍는 사람, 헤드폰을 끼고 노래하는 사람, 버스를 탄 사람들을 찍는다. 내면을 드러내고 사물의 본질을 통찰하는 데 의미가 있다. 글씨를 분석하면 엑스레이로도 볼 수 없었던 더 깊은 내면을 들여다볼 수 있다.

평소 친하게 지내던 사람들의 미처 몰랐던 내면을 알 수 있고, 심지어 나 자신도 인식하지 못했던 내 욕망을 알아챌 수 있다. 보이지 않던 진짜 모습에 아름다움이 담겨 있기도 하고, 감춰왔던 생각이나 진실이 드러나기도 한다. 글씨 분석은 삶에서 강력한 무기가 될 수 있다.

모든 일은 사람과 관계되어 있고 때로는 사람이 전부이기 때문이다. 신입사원으로 뽑아도 될지, 평생 함께할 배우자로 적합한지,

마음을 터놓고 지내도 될지, 함께 큰일을 도모해도 좋을지 등을 결정하는 데 도움이 된다. 또는 역사적인 인물이나 사건을 입체적으로 이해할 수 있다. 글씨 분석으로 할 수 있는 일은 너무나 많다.

글씨의 더 큰 매력은 글씨 연습을 통해 인생을 바꿀 수 있다는 점이다. 이는 동서고금을 통해 확인된 사실이지만 내 경험이기도 하다. 나는 법조계, 미술계, 필적학 분야에서 최고가 되고 싶었고 그로 인한 경제적인 안정을 원했다. 2000년대 후반에 글씨 연습을 시작한 이후 10년 남짓한 기간 내게 많은 변화가 생겼다.

서울대에서 법학박사 학위를 받고 그 논문을 출간한 책이 우수학술도서로 선정되었다. 법조계 최초로 스피치와 리걸 라이팅(legal writing, 법문서 작성) 교육을 도입했다. 글씨, 법률, 역사 등 저서 8권, 번역서 3권을 출간했다. 독립운동가와 친일파 친필 컬렉션을 독보적인 수준으로 올려놓았다. 한민족의 시원인 홍산문화 유물을 모으고 연구해 이것에 관해 대중에게 알리는 유튜버가 되었다(K-Relic).

성균관대 초빙교수, 한국요하문명연구소장, 〈매일경제〉 명예기자, 〈법률신문〉 논설위원, 새로운 아티스트들을 찾아내는 프로젝트 '아티커버리'의 전문가 패널로 참여하는 등 다양한 분야에서 일할 기회가 찾아왔다. 유력 언론사와 수백 번의 인터뷰를 하고 방송에 수십 회 출연했다. 이전과는 비교할 수 없을 정도로 경제적인 안정을 얻었다.

무엇보다 중요한 것은 늘 새로운 꿈을 꾸고 내일을 준비할 활력이 넘친다는 점이다. 그래서 매일 10시 넘어서 퇴근하고 주말에도 정열적으로 일한다. 이런 변화들이 글씨 연습의 효과라고 생각한다.

"필체를 보면 그 사람을 알 수 있다."고 20년 전 처음 말했다. 그때 이해하지 못했던 사람들도 이제는 동의하고 자신의 필적 감정을 부탁한다. "필체를 바꾸면 성공할 수 있다."는 말을 여전히 믿지 못하는 사람들이 많지만 멀지 않아 믿고 따르게 될 것이다. 이 책은 그런 분들을 위해 15년 간 필적학 연구와 실전 경험, 20년 간 글씨 수집을 바탕으로 만든 결정체이다. '지식은 알기 위한 것이 아니라 살기 위한 것'이라는 믿음으로 썼다.

갈수록 경쟁은 치열해지고 삶은 팍팍해진다. 하지만 기회는 얼마든지 있다. 더 나은 삶을 꿈꾸고 노력하는 사람에게 기회는 다가오기 마련이다. 이 책을 선택한 독자들에게 의심하지 말고 꾸준히 글씨 연습을 해보라고 권하고 싶다. 반드시 원하는 효과가 있을 것이다.

구본진

대한민국 제1호 필적학자, 독립운동가 친필 전문 컬렉터, 법무법인 로플렉스 대표

서울대학교 법과대학을 졸업했고 같은 대학에서 법학박사 학위를 받았다. 21년간 검사로 근무하면서 살인범, 조직폭력배의 글씨에서 놀라운 사실을 발견했다. 그들의 필체는 일반인들과 달랐으며, 서명 한 줄이 사건 해결의 단서가 되기도 했다. 필체와 사람 사이에는 깊은 연관이 있다는 사실을 알게 됐다.

필적학의 세계에 입문한 후 독립운동가 600여 명, 친일파 250여 명의 친필을 모으다 보니 이 분야에서 최고의 컬렉션을 이루었다. 필체가 의미하는 것을 찾아 필적학을 심도 깊게 연구한 지 15년이 넘다 보니 이 분야에서 독보적인 존재로 인정받게 됐다.

2017년 10월 국방부의 요청으로 김정은 북한 국무위원장과 도널드 트럼프 미국 대통령의 글씨 분석 의견서를 작성해 한반도의 정세를 예측했다. 김정은의 필체에 대해 〈로이터 통신〉과 인터뷰한 것을 비롯하여, 국내 유력 언론사에 글씨체 자문을 해주고 있다.

2018년부터 1년 동안 〈동아일보〉에 '구본진의 필적'을 연재했고 〈중앙일보〉 '홍병기의 CEO 탐구'에서 CEO들의 글씨체를 분석하고 있다.

"필체를 분석하면 그 사람의 내면을 알 수 있다. 그리고 글씨체를 바꾸면 성공할 수 있다."고 말하는 그는 방송가로부터 폭발적인 관심을 받아 2019년 SBS 〈순간포착, 세상에 이런 일이〉, MBC 〈마이 리틀 텔레비전 V2〉 등에 출연했다. 개인적인 필적 상담뿐만 아니라 각종 언론사의 인터뷰, 강연 요청이 쇄도해 그 목마름을 채워주기 위한 책을 쓰게 됐다.

현재 미국필적학회(AHAF)와 영국필적학자협회(BIG) 회원이다. 한국저작권위원회의 안중근 폰트 개발에 참여했고, 문화재청 등 국가기관과 미술품 경매회사 등에 필체에 대한 자문을 하고 있다. 저서로 《필적은 말한다》, 《어린아이 한국인: 글씨에서 찾은 한국인의 DNA》 등이 있다.

유튜브 K-Relic

필체를 바꾸면 인생이 바뀐다

2020년 1월 29일 초판 1쇄 | 2022년 4월 18일 17쇄 발행

지은이 세스 구본진
펴낸이 최세현 **경영고문** 박시형

책임편집 김유경 **디자인** 윤민지
마케팅 권금숙, 양근모, 양봉호, 이주형, 신하은, 정문희
디지털콘텐츠 김명래 **해외기획** 우정민, 배혜림
경영지원 홍성택, 이진영, 임지윤, 김현우
펴낸곳 (주)쌤앤파커스 **출판신고** 2006년 9월 25일 제406-2006-000210호
주소 서울시 마포구 월드컵북로 396 누리꿈스퀘어 비즈니스타워 18층
전화 02-6712-9800 **팩스** 02-6712-9810 **이메일** info@smpk.kr

쌤앤파커스(Sam&Parkers)는 독자 여러분의 책에 관한 아이디어와 원고 투고를 설레는 마음으로 기다리고 있습니다. 책으로 엮기를 원하는 아이디어가 있으신 분은 이메일 book@smpk.kr로 간단한 개요와 취지, 연락처 등을 보내주세요. 머뭇거리지 말고 문을 두드리세요. 길이 열립니다.